Lilly Grünberg
Jennifer Schreiner

Das Leid mit der Leidenschaft

69 Höhepunkte zum BDSM

Der SM-Ratgeber für alle Fans von „Shades of Grey“

ELYSION-BOOKS

Print: 3. Auflage: Mai 2025
eBook: 3. Auflage: Mai 2025

VOLLSTÄNDIGE AUSGABE
ORIGINALAUSGABE

Bei Fragen zur Produktsicherheit wenden Sie sich an:
info@elysion-books.com

UMSCHLAGGESTALTUNG: Inka-Gabriela Schmidt

ISBN (vollständiges Ebook) 978-3-96000-
ISBN (gedrucktes Buch) 978-3-96000-

Lilly Grünberg
Jennifer Schreiner

Das Leid mit der Leidenschaft

69 Höhepunkte zum BDSM

Der SM-Ratgeber für alle Fans von „Shades of Grey“

Inhalt

6.4 Polizist-Gefangene/Räuber und Gendarm/Pirat-blinder Passagier
6.5 Vergewaltigungs-/Gewaltfantasien
6.6 Tierspiele/PetPartys/Ponyplay/Dogplay/etc
6.7 Bartänzerin, Sklavenmädchen, Haremsdame

7. Fesselspiele

Was genau sind alles Fesseln – und warum sollte man sich damit beschäftigen? Arten (Seil, Ketten, Einmal-Dinge, Spezialdinge etc.)

7.1 Handschellen (Stahlkette, Kabelbinder)
7.2 SM-Fesseln (inkl. Spreizfesseln)
7.3 Bondagemöbel und Spezielles (Fesselsack, Zwangsjacke)
7.4 Hodenfesseln
7.5 Plastik
7.6 Bondage (auch Fesselrahmen)
7.7 Selbstfesselung

8. Strafen

Was ist eigentlich eine Strafe und wozu dient sie?

8.1 „Einstiegsstrafen"
8.2 „Non-Stop"-Tunnelspiele
8.3 erotische Fotos
8.4 erotische Fantasien
8.5 Ästhetisches
8.6 Aufgaben mit Fesselung oder Handycap
8.7 Öffentliche Aufgaben

9. Speziellere Spielarten;

9.1 Deprivation
9.2 Analsex
9.3 Natursekt und andere Körpersachen
9.4 Fetische (Latex, Atemkontrolle, Füße)
9.5 Schlafentzug, Atemkontrolle/Waterboarding
9.6 Nadeln, Blut und Dinge für Spezialisten

1. Einleitung

Warum lieben so viele Frauen das „Fifty Shades of Grey"-Phänomen und brauchen wir wirklich ein weiteres Buch über den „neuen" Trend zum verspielten SM?

„Ja", meinen die Autorinnen Lilly Grünberg und Jennifer Schreiner und wollen dem interessierten Leser/der interessierten Leserin mit diesem handlichen Band eine Schnellübersicht über die wichtigsten Dinge in Bezug auf BDSM geben, um den Einstieg in ein spannendes Subgenre der Erotik zu erleichtern und den Interessierten einen Leitfaden an die Hand zu geben, wie „Pleiten, Pech und Pannen" umschifft werden können.

Schließlich ist das wahre Leben weder ein Ponyhof, noch gibt es an jeder Ecke die Luxusausgabe eines reichen, gelangweilten Playboys. Dazu muss man einfach zugeben, dass in der Realität ganz andere Dinge möglich (und sinnvoll) sind als in den Fantasiegefilden eines Bestsellers.

Dazu kommt, dass in „Shades of Grey" leider keine gängige SM-Beziehung geschildert wird, sondern eine Beziehung, die im wahren Leben ein typischer Fall von Missbrauch wäre: von Spionage-Software auf dem Handy, über die Verschleppung einer Bewusstlosen, Gängelungen und eine – in den Augen vieler Leser – nett verpackte Vergewaltigung. Dazu kommen das Nicht-Einweihen, ohne Safeword spielen und das Nicht-Abfangen nach einer Session.

Wir haben uns natürlich aufgrund dieser Basis gefragt, was dieses Buch trotzdem so erfolgreich macht und woher der „plötzliche" Hype um SM kommt.

Denn SM war schon immer da und auch Bücher über das Thema gab und gibt es in allen Varianten. Hier seien nicht nur die beiden Autorinnen genannt, sondern auch (stellvertretend für viele andere) Sandra Henke, Lilly An Parker, Inka Loreen Minden, die sich schon Jahre vor dem Trend mit der romanhaften Umsetzung von Dominanz und Unterwerfung auseinandersetzten.

Doch erst seit dem Grey-Bestseller scheint SM wirklich in der Öffentlichkeit zu stehen. Wir glauben, das liegt nicht nur an den viel verspotteten lesenden Hausfrauen, sondern auch an der Diskussion, die das Machtwerk von E.L. James entfacht hat. Grundtenor: Ist es politisch korrekt, eine SM-Veranlagung zu haben? Oder konkreter gefragt: Darf eine Frau überhaupt devot veranlagt sein?

Viele Frauenrechtlerinnen sehen in Romanen mit der Rollenverteilung starker, dominanter Mann – unterwürfige, devote Frau eine Gefahr für die Gleichberechtigung und einige Feministinnen gehen sogar in die Richtung, dass es keine Frauen gibt, die von Natur aus devot veranlagt sind.

Das ist natürlich Blödsinn. Genauso ist es Blödsinn zu behaupten, jeder hätte in Bezug auf seine Bettaktivitäten eine devote oder eine dominante Neigung.

Aber durch das Buch kann man das, was vorher vielleicht ein schwelendes Interesse war, nun zur Gänze wecken. Frauen, die sich vielleicht sonst nie mit ihrer eigenen Sexualität, der Erotik oder ihren sinnlichen Wünschen auseinandergesetzt hätten, bekommen hier nun Einblicke in eine neue Form der Lust (was ja generell erst einmal gut ist). Und natürlich wissen die meisten Leser/innen, dass es sich bei diesem Roman um eine fiktive Geschichte handelt, in der man sich einfach fallen lassen und den Alltag vergessen kann. Krimileser bringen ja auch nicht notwendigerweise Menschen um, weil sie das vor wenigen Minuten gelesen haben.

Also liebe Feministinnen, seht es doch einfach sportlich: Ihr habt jahrelang auch für die erotische Freiheit der Frau gekämpft und darum, dass wir unsere Sexualität ausleben dürfen. Wegen euch dürfen wir uns heute hinstellen und unsere eigenen Wünsche ausdrücken und einfordern. Und wenn diese Fantasie heißt „Ich will gefickt werden“

oder „Ich liebe das Leid an der Leidenschaft“, dann können sich verklemmte und rückständige Frauen echauffieren oder das machen, was sie doch selbst wollen. Sie können sich über die Gleichberechtigung freuen, über unsere Neugierde und die Lust am Experimentieren.

In diesem Sinne wünschen wir viel Spaß beim Lesen und eventuellen Inspirieren-Lassen,

Eure Lilly & Jennifer

PS. Weder Verlag noch Autorinnen haften für Verletzungen oder Schäden, die nach oder besser gesagt trotz des Lesens dieses Ratgebers auftreten. Die Verantwortung für alle Spielvarianten, Möglichkeiten und Ideenumsetzungen liegt beim Leser.

1.1 Nur mal probieren

Bücher und Filme wie 50 SHADES OF GREY, SECRETARY oder DEIN machen neugierig und wecken die Erlebnisbereitschaft, die eigenen sexuellen Praktiken mit frischem Wind zu beleben. Während die Beschäftigung mit dieser Thematik vor Jahren nur hinter vorgehaltener Hand stattfand, braucht sich heute niemand mehr zu schämen oder zu verstecken, dass ihm oder ihr solche Inhalte gefallen. Erotische Literatur jeglicher Art, so eben auch mit BDSM-Anteilen, kann öffentlich gelesen werden und entsprechende DVDs kauft man nicht mehr nur diskret in Online-Shops, sondern auch ungeniert bei gut sortierten Medienmärkten.

Das bedeutet nicht automatisch, ES auch selbst tun zu wollen. Den meisten Lesern oder Zuschauern genügt es eine Zeitlang in das fremde Geschehen abzutauchen. Falls Ihnen dies aber nicht genügt und Sie doch bereit sind für ein Experiment – warum sollten Sie nicht den Schritt wagen und ausprobieren, was Ihre Fantasie anregt. Spätestens, wenn Sie nachts statt zu schlafen wilde Fantasien entwickeln, es überall am Körper prickelt und Sie von erotischen Schauern überflutet und zur Selbstbefriedigung getrieben werden, sollten Sie ernsthaft darüber nachdenken. Denn diese erste Phase des Sich-bewusst-Werdens stellt im Grunde genommen die Erkenntnis dar, dass Sie für BDSM-Szenarien offen sind. Geben Sie Ihrem inneren Coming-out eine Chance.

Vielleicht sind Sie bei diesem Gedanken sehr aufgeregt und es ist nur natürlich, wenn Sie nicht wissen, wie weit Sie tatsächlich gehen wollen. Aber der Drang es zu tun, kann immer stärker werden und das Gefühl, nicht befriedigt zu sein, wird zur elementaren Qual.

Eine kleine Entscheidungshilfe *gegen* oder vielmehr *für* den ersten Schritt soll dabei unser Buch sein. Alle gängigen Praktiken, von zart bis hart, alles was Sie *vor* dem ersten Mal wissen müssen, finden Sie auf den folgenden Seiten. Und wenn Sie dann beschlossen haben, den Einstieg zu wagen, wissen Sie bestimmt auch schon wie. Der Rest findet sich nach den ersten Erfahrungen.

Nicht unwesentlich für die Umsetzung ist die Frage, wie Ihr aktuelles Leben aussieht und welche sexuellen Erfahrungen oder Gewohnheiten Sie mitbringen? Denn gerade davon möchten Sie sich ja lösen oder diese zumindest mit frischem Wind bereichern. Befinden Sie sich in einer festen Partnerschaft, möglicherweise seit Jahren im festen Hafen der Ehe?

Wenn Sie Ihrem Liebesleben einen Kick verleihen wollen, kommen Sie wohl oder übel nicht drum herum, mit Ihrem Partner darüber zu reden. Bei einem romantischen Ambiente wie einem gemütlichen stimmungsvollen Abendessen oder im Anschluss an gerade stattgefundenen Sex, eng aneinander gekuschelt, fällt es gar nicht so schwer, dem oder der Liebsten zu gestehen, dass Sie gerne mal etwas Neues ausprobieren würden. Ganz unverbindlich, ohne Verpflichtung auf Wiederholung, und in gegenseitigem Einvernehmen.

Falls Ihnen das jedoch schwer fällt und Sie befürchten, nicht die richtigen Worte finden, können Sie auch Zeichen setzen. Ein paar mit Plüsch geschmückte Handschellen und eine hübsche Augenmaske sollte jeder Partner als klaren Hinweis auf den Wunsch zu einem erotischen Spiel verstehen. Kuschelige Bettwäsche, dezenter Raumduft und ein paar farbige Teelichter können der Einstimmung dienlich sein.

Sollten Sie sich gar nicht vorstellen können, neue erotische Wege mit Ihrem Lebensgefährten oder -gefährtin zu beschreiten oder auf Ablehnung stoßen und daher für gewisse Stunden einen neuen Partner in Erwägung ziehen, so bleibt Ihnen nur der Weg offen, dies außerhalb Ihrer Beziehung zu probieren. Vielleicht sind Sie aber sowieso Single, auf der ständigen Suche nach dem großen Glück, oder auch nur oder im Besonderen an einer erfüllten sexuellen Beziehung ohne die Verpflichtung einer festen Partnerschaft interessiert?

Dann recherchieren Sie am besten im Internet nach SM-Partys, SM-Clubs oder auch nach SM-Stammtischen. Solche finden Sie auf jeden Fall in den Großstädten. Bleiben Sie kritisch und vertrauen Sie dem ersten Eindruck. In der Regel stehen Ihnen dort aber erfahrene Leute zur Seite und führen Sie maßvoll in die fremde Welt ein. Dies gilt natürlich auch für Paare, die diesen neuen Weg gemeinsam beschreiten möchten. Ein offenes Gespräch über die eigene Unerfahrenheit, Wünsche und Erwartungen sind in jedem Fall wichtig.

Unser Buch soll Ihnen zum einen dafür das notwendige Vorwissen geben und Sie in übliche Praktiken einführen, damit Sie zumindest theoretisch gerüstet sind. Zum anderen aber wollen wir allen unter Ihnen, die einfach mal selbst frei nach dem Motto „How to do Shades of Grey" sich versuchen wollen, die nötigen Ideen und Mittel vorstellen, mit denen man auch ohne Profis aus der BDSM-Szene sein Sexleben fantasievoll bereichern kann.

Unser Anspruch liegt nicht in der Vollständigkeit, auch wenn wir uns um diese bemühen. Nein, unser vorrangiges Ziel beim Schreiben dieses Buches besteht darin, Ihnen den Spaß an der Sache zu vermitteln, Spaß beim Lesen zu haben und mit einem Prickeln in den Lenden sich auf Neuland zu wagen.

1.2 Spielpartner, Clubs und SM-Partys

Bevor wir uns damit beschäftigen, wie und wo Sie in die BDSM-Szene einsteigen können, falls es Ihnen danach gelüstet, aufs Ganze zu gehen, sollten wir den üblichen Sprachgebrauch klären, der sich im Laufe der Zeit etabliert hat. Zunächst einmal bezeichnen sich BDSM-praktizierende Menschen selbst als „BDSM'ler", „SM'ler" oder „Sadomasochisten", was noch keinen verlässlichen Hinweis auf ihre speziellen Neigungen gibt.

Ein BDSM-Spiel findet üblicherweise zwischen einem aktiven und einem passiven Partner statt. Dabei nimmt der als „Bottom" oder „Sub" oder auch als „Sklave" bezeichnete passive Partner für die Dauer der sogenannten Session die Rolle des „Opfers" ein. Dieses wird innerhalb eines vorher gemeinsam festgelegten Rahmens spielerisch gedemütigt, geschlagen, gefesselt, aber auch für seinen Gehorsam und seine Hingabe gelobt oder liebkost. Seinen Lustgewinn zieht der Bottom meistens aus dem Gefühl der Hilflosigkeit, dem Ausgeliefertsein im Sinne völliger Unterwerfung, oder auch aus der spielerischen Erziehung und sogar aus dem Schmerz. Nicht umsonst spricht man in diesem Zusammenhang auch vom *Lustschmerz*.

Der aktive Partner wird „Top“ oder „Dom“ genannt. Er übernimmt die kontrollierende, eben dominante Rolle, und ist derjenige, der seinem Bottom Aufgaben zur Demütigung erteilt, ihn mit unterschiedlichen Hilfsmitteln züchtigt oder anderweitig spielerisch quält, ihn fesselt, aber auch streichelt und auf andere Weise für seinen Einsatz belohnt.

Zur Aufgabe des Tops gehört es auch, auf die Einhaltung der vorher festgelegten Grenzen zu achten und Sorge für emotionale und körperliche Unversehrtheit seines Partners zu tragen. Also eine verantwortungsvolle Position. Natürlich zieht auch der Top auf seine Weise Lust aus dem Spiel, eben aus der Möglichkeit, Macht und Kontrolle auszuüben.

Weibliche Doms werden übrigens als Femdom bezeichnet oder auch als Domme oder Domse. Hingegen betitelt man eigentlich nur professionell arbeitende Femdoms als Domina. Dabei muss nicht notwendigerweise Geschlechtsverkehr zur Session gehören. In der Regel steht bei der Buchung einer Domina das Erleben ihrer Dominanz und Unterwerfung im Vordergrund.

Anders verhält es sich bei den sogenannten Zofen oder Liebessklavinnen. Eine Zofe ist die Dienerin der Domina, eine Art Dienstmädchen, das sich den Anweisungen der Domina unterwirft oder auch einem Kunden selbst zu Diensten steht, manchmal auch sexuell. Dabei gibt sie diesem für eine gewisse Zeit das Gefühl der Überlegenheit.

Zofen sind meist devot und masochistisch veranlagt und werden bei diesem Spiel mit der Unterwerfung sexuell befriedigt.

Einige BDSM-Anhänger switchen auch, das heißt, sie fühlen sich sowohl in der dominanten als auch in der devoten Rolle wohl. Switcher praktizieren ihre ambivalenten Neigungen entweder innerhalb einer einzigen Session oder in verschiedenen Sessions mit demselben oder aber mit unterschiedlichen Partnern.

Kontakte und Termine der BDSM-Szene finden Sie – wie sollte es heutzutage anders sein – vor allem in Internet-Communities wie Sklavenzentrale.de, dunkle-burg.de, Sadomaso-Chat.de, Strafbuch.de, joyclub.de, schattenzeilen.de oder lustschmerz.com, um nur einige zu nennen, die Geschichten aus dem wahren BDSM-Leben, aber auch Vorankündigungen und Termine bieten. Daneben gibt es noch wenige gedruckte Szenemedien wie das BDSM-Magazin *Schlagzeilen*.

Persönliche Kontakte knüpfen Sie am schnellsten und einfachsten auf Veranstaltungen wie SM-Partys, bei SM-Stammtischen und auf Erotikmessen. SM-Partys sind Veranstaltungen, auf denen sich BDSM-Anhänger treffen, um Erfahrungen unter Gleichgesinnten auszutauschen und auch um miteinander zu „spielen". Neulinge sind dort willkommen und werden in die Szene eingeführt.

Auf den Partys herrscht ein mehr oder minder strikter Dress-Code vor, der zum einen die Zugehörigkeit symbolisiert, zum anderen dem Ziel dient, eine erotisierende Stimmung hervorzubringen. In der Regel handelt es sich um frivole Kleidungsstücke aus Lack, Leder oder Latex, die enganliegend die primären oder sekundären Geschlechtsmerkmale betonen oder auch gezielt freilegen. Neben Onlineshops findet man auch in vielen Städten gut sortierte Spezialgeschäfte, die von der simplen Augenmaske über hübsche Korsagen bis hin zu atemberaubenden High Heels alles bieten, was das Herz begehrt. Inklusive Anprobe und Beratung.

Wenn Sie sich entsprechend ausstaffiert haben, steht einer aktiven Teilnahme an einer SM-Party nichts mehr im Wege. In abgeschotteten Separees oder auf einer öffentlichen Bühne innerhalb der Party wird BDSM freizügig ausgelebt. Dabei steht nicht der Geschlechtsakt, sondern das Spiel im Mittelpunkt. Auch ein gewisser Grad an Voyeurismus und Exhibitionismus kann dabei ohne Hemmung oder soziale Ablehnung ausgelebt werden. Sehen und Gesehen werden hat seinen eigenen Reiz.

Der Vorteil solcher Veranstaltungen liegt aber vor allem in dem dortigen Vorhandensein diverser Spielgeräte wie Andreaskreuz, Käfig, Pranger oder Strafbock, da diese aus Platz- und Kostengründen in den meisten Wohnungen nicht unterkommen. Auch ein möglicher Lärmpegel darf nicht unterschätzt werden, wenn es tüchtig zur Sache geht, von lautem Stöhnen bis zu Schmerzschreien. Je nach Intensität des Spiels. Und wer will schon, dass die Nachbarn hellhörig werden.

BDSM-Partys finden heutzutage in fast jeder größeren Stadt ihren Raum.

Veranstaltet werden die Partys häufig von speziellen BDSM-Clubs, die ein mehr oder weniger regelmäßiges Programm bieten, aber auch besondere Themenabende mit passendem Dresscode. Besonders positiv zu vermerken ist, dass Clubs auf die Einhaltung der Regeln achten und damit viel für die Sicherheit des Einzelnen unternehmen. Und auf jeden Fall bietet sich die Chance, Leute mit denselben Neigungen kennenzulernen und einen Spielpartner zu finden, sofern man noch keinen hat.

1.3 Covern

Sobald Sie sich zu einem Date für ein erstes sexuelles Spiel verabreden, sollten Sie auch an Ihre Sicherheit denken. Jeder, ob Frau oder Mann, ob Sub oder Top, ob hetero oder homo kann ein Opfer von Übergriffen werden. Wie überall in unserem Leben gibt es auch in der BDSM-Welt schwarze Schafe, denen man ihre Absichten, die über ein erotisches Fairplay hinausgehen, nicht ansieht. Meistens ist es dem Opfer in einem solchen Fall nicht möglich, sich zu wehren oder die Polizei um Hilfe zu rufen.

Werden Sie hingegen gecovert, haben Sie sozusagen einen Schutzengel, der über Ihr Treffen Bescheid weiß. Er wird sich zu einem verabredeten Zeitpunkt mit Ihnen in Verbindung setzen und fragen, ob alles in Ordnung ist. Falls dem Cover irgendetwas verdächtig erscheint, wird er die Polizei alarmieren.

Deshalb gilt: lieber einmal zu oft und unnötig gecovert als einmal zu wenig!

Lassen Sie sich nur von jemandem covern, dem Sie vertrauen und der zumindest grob über Ihre Neigungen Bescheid wissen darf. Machen Sie auf jeden Fall sehr deutlich klar, dass Sie ein spezielles Date haben und auf Nummer sicher gehen möchten. Vereinbaren Sie eine Uhrzeit, zu der Sie sich gegenseitig eine Nachricht schicken, oder Ihr Cover Sie anruft. Vereinbaren Sie ein Codewort, das möglichst harmlos klingt und gut zu merken ist, etwa wie „Alles bestens" oder die Anrede mit einem falschen Namen. Sagen Sie bei Kontaktaufnahme dieses Codewort, weiß Ihr Cover, dass er die Polizei vorbeischicken soll. Schreiben Sie alles auf, was Sie wissen. Den Namen des Dates, selbst wenn dies ein Nickname sein sollte, den Treffpunkt, die Uhrzeit, oder was Sie sonst noch wissen.

Auch wenn alles ungefährlich scheint und ihr Cover keinen Grund zur Sorge erkennt, sollten Sie vereinbaren, dass Ihr Schutzengel Sie am nächsten Tag nochmal anruft, ob Sie auch gut heimgekommen sind.

Dennoch ist ein Cover kein Ersatz für vorsichtiges Verhalten. Niemand sollte sich einbilden, dass ihm oder ihr nichts passieren kann, weder der Dom noch der Sub. Treffen Sie sich mit jemandem, den Sie noch nicht oder nur flüchtig kennen, hilft es daher, für die eigene Sicherheit ein paar Regeln zu beachten.

Zunächst einmal seien Sie kritisch gegenüber persönlichen Informationen wie Name, Alter, Geschlecht, Wohnort und auch Fotos. Alles kann gelogen, das Bild digital bearbeitet oder sogar eine andere Person dargestellt sein.

Geben Sie selbst daher auch nicht Ihren realen Namen, Wohnort, die Adresse Ihres Arbeitsplatzes oder andere private Daten preis. Ihr künftiger Spielpartner könnte ein Stalker sein, der Ihnen künftig das Leben zur Hölle macht.

Es kann jedenfalls nicht schaden, erstmal zu telefonieren. Dann wissen Sie zumindest, ob die Stimme sympathisch ist und ob das angegebene Alter und Geschlecht zutreffen können. Benutzen Sie aber auch dafür keinen Festnetzanschluss, sondern ein Handy oder einen VoIP-Dienst wie Skype.

Soll das erste Treffen stattfinden, dann sagen Sie frei heraus, dass Sie gecovert werden und welche Informationen Sie an Ihren Schutzengel weitergegeben haben. Leute, die Böses planen, wird dies abschrecken. Ein wahrer BDSM'ler hingegen wird das verstehen. Sollte Ihr Datingpartner komisch reagieren oder Ihnen das Covern als unnötige Maßnahme sogar ausreden wollen, so können wir von einem Treffen nur dringend abraten.

Bevor es intim zur Sache geht, sollten Sie sich an einem öffentlichen Ort kennenlernen. Geeignet sind Cafés und Restaurants, natürlich auch SM-Partys, also Treffpunkte, wo sich viele Leute aufhalten. Ungeeignet sind Hotelzimmer, Parkplätze oder Parks, und private Wohnungen sowieso.

Steigen Sie auf keinen Fall zu Ihrem Date ins Auto, lassen Sie sich nicht nach Hause begleiten und achten Sie auf dem Heimweg darauf, dass Sie nicht verfolgt werden. Nehmen Sie eventuell einen Umweg in Kauf oder fahren Sie Taxi, wenn Sie sich nicht sicher fühlen.

Wenn dagegen das erste Treffen gut verlaufen ist und Sie Ihrem Date vertrauen, gilt es weitere Sicherheitsmaßnahmen einzuhalten, wenn Sie sich zum ersten Mal in einem intimeren Rahmen treffen wollen.

Lassen Sie sich auf jeden Fall wieder covern und lassen Sie sich nicht überreden, an einen anderen Ort zu wechseln, als vereinbart wurde. Nur wenn Sie an dem bekannten Ort bleiben, kann Ihr Schutzengel bei Bedarf Hilfe schicken.

Bevor gespielt wird, müssen Sie mit Ihrem Partner über Ihre Wünsche, Erfahrungen und Grenzen sprechen. Achten Sie auf Verhütung und Schutz vor HIV und Geschlechtskrankheiten. Auch dies ist ein Punkt, den Sie nicht zur Diskussion stellen sollten.

Vereinbaren Sie ein Safeword für den Abbruch der Session. Nehmen Sie weder Drogen noch Alkohol zu sich. Achten Sie auch darauf, dass Ihnen nichts unbemerkt in Ihr Getränk gegeben wird (Stichwort KO-Tropfen).

Und zuletzt: Lassen Sie sich beim ersten Treffen auf nichts ein, was Sie wehrlos macht wie Fesseln oder Knebel.

Es ist beileibe keine Schande, sich covern zu lassen. Ganz im Gegenteil. Es beweist, dass Sie sich viele Gedanken über die Situation gemacht haben und Ihnen Ihr Leben und Ihre Gesundheit wichtig sind. Denken Sie auch daran, das GPS-Signal auf Ihrem Mobiltelefon zu aktivieren, falls Sie es normalerweise deaktiviert haben. Es könnte hilfreich sein. Und noch etwas: ein Cover ist ähnlich wie ein Airbag im Auto. Er kann einem möglicherweise das Leben retten, ist aber kein Ersatz für vorsichtiges Verhalten!

1.4 Formen des BDSM

In der Fachliteratur ist BDSM die heute gebräuchlichste Bezeichnung für verschiedene, einander artverwandte Vorlieben sexueller Praktiken. Weniger präzise, aber durchaus gebräuchlich ist auch die Bezeichnung SM, Sado-Maso oder Sadomasochismus. Angelehnt an Kleidungsvorlieben der Szene spricht man auch von Ledersex oder Kinky Sex. Wobei manche Kleidungsstücke auch in der Gothicszene gebräuchlich sind.

Der Begriff BDSM setzt sich aus den Anfangsbuchstaben der englischen Bezeichnungen Bondage, Discipline, Sadism, Masochism zusammen, oder auch Bondage, D/s (Dominance & submission), Masochism. Darunter versteht man eine Gruppe von Verhaltensweisen, die einen besonderen erotischen Kick auslösen.

Bondage (Fesselung)

Mit Bondage werden alle Praktiken beschrieben, bei denen der Bottom gefesselt wird. Dabei finden meistens Seile oder Handschellen Verwendung, aber auch Schals, Lederriemen, Klebeband oder andere

Hilfsmittel. Auch das Spreizen der Gliedmaßen und der freie Zugriff auf sämtliche Körperteile kann durch Bondage erreicht werden. Das fantasievolle Spektrum reicht vom Fesseln auf ein Bett, in einen Türrahmen, an ein Andreaskreuz bis hin zu einer frei schwebenden Hängefesselung. Bondage kann sogar genussvoll zum Kunstwerk stilisiert werden.

Für den Bottom liegt der Lustgewinn in der Regel in dem Gefühl der völligen Hilflosigkeit. Er suhlt sich in der Vorstellung, sich seinem Partner wehrlos ausgeliefert zu haben. Umgekehrt erfreut sich der Top an den vergeblichen Befreiungsversuchen, möglicherweise begleitet von Jammern und Flehen, und damit auch an seiner scheinbaren Macht über den gefesselten Bottom.

Der ausführende Partner benötigt umfangreiche Kenntnisse über das Anwenden der Fesseln, um dieses Spiel zum einen für den Partner lustvoll zu gestalten, und zum anderen, um gesundheitliche Gefährdung des Gefesselten zu vermeiden. So dürfen etwa Seile nicht zu eng anliegen oder einschnüren, oder die Unbeweglichkeit nicht zu lange andauern. Die Bondagesitzung muss sofort beendet werden, wenn der Bottom sich unwohl fühlt oder über einschlafende Gliedmaßen klagt.

Discipline (Disziplin)

Bei Discipline handelt es sich vorrangig um sogenannte Erziehungsspiele. Der Top gibt die Regeln für das Verhalten vor und kontrolliert, ob diese vom Bottom befolgt werden. Diese Regeln können nur für das aktuelle Spiel gültig sein, im Sinne von 24/7 aber auch Einfluss auf den Alltag nehmen. Eine nicht befolgte Regel dient als Anlass für Bestrafung. Dabei werden wiederum die zuvor abgesprochenen Grenzen für Regeln und Strafen beachtet. Selbstverständlich können Regeln wieder aufgehoben oder verändert werden, wenn einer der Partner sie als nicht mehr passend empfindet.

Die Bestrafung besteht bei Discipline meistens in der Züchtigung des Bottoms durch Schläge mit der Hand oder mit diversen Züchtigungsinstrumenten bis hin zur Kennzeichnung mit Striemen. Der gezüchtigte passive Partner empfindet infolge der Schmerzen größte Lust. Die Intensität der Schläge kann je nach Züchtigungsmittel, Ausübung und Dauer stark variieren. Auch hierbei sind Kenntnisse zur Sicherung der Gesundheit notwendig, damit nur Körperstellen geschlagen werden, die nicht geschädigt werden können. Dazu später mehr bei den Schlaginstrumenten.

Sadism (Sadismus) und Masochism (Masochismus)

Auch mit Sadomasochismus wird die eher physisch ausgerichtete Seite von BDSM bezeichnet, im Wesentlichen das Zufügen beziehungsweise gewollte Erdulden von Schmerzen. Im Gegensatz zu Discipline spielen Schläge bei Sadomasochisten jedoch meistens eine eher untergeordnete Rolle. Es gibt stattdessen eine Vielzahl anderer Praktiken, um Schmerzen zu erzeugen wie Kneifen, Zwicken, Kitzeln oder Wachsspiele.

S/M-Spiele werden oftmals in Kombination mit anderen Praktiken ausgeübt wie Fesselungen oder Machtausübung, selten allein. Eine klare Abgrenzung ist in realen Spielen eher schwer, die Übergänge fließend.

Bei dieser Art Spiele zieht der aktive Part seinen Lustgewinn entweder aus dem Zufügen von Schmerzen oder über die körperlichen und verbalen Reaktionen des Bottoms. Dabei kann sich dieser wiederum auf seine Empfindungen konzentrieren, zu denen auch sexuelle Erregung gehören kann.

SSC (Safe, Sane and Consensual)

Eine der wichtigsten Regeln des BDSM bei allen diesen Aktivitäten: niemand wird tatsächlich zu etwas gezwungen, das er nicht möchte. Auch Betteln und Flehen während eines Rollenspiels und die Entscheidung des Tops, nachzugeben oder nicht, sind letztlich Bestandteil einer abgesprochenen Szene in beiderseitigem Einverständnis. Diese für die physische und psychische Gesundheit notwendige Einvernehmlichkeit wird mit der Bezeichnung „SSC" zusammengefasst. Die Abkürzung steht für „Safe, Sane and Consensual", was frei übersetzt so viel bedeutet wie „sicher, dem gesunden Menschenverstand entsprechend und einvernehmlich".

Andere Begriffe dafür sind auch „Risk aware consensual Kink"(RACK) oder „Balls Out Risky Kink" (BORK).

D/s (Dominance and Submission) und 24/7

Die Abkürzung D/s steht für die eher psychisch als physisch ausgerichtete Komponente des BDSM. Im Vordergrund steht das Machtgefälle zwischen den Spielpartnern, mit dominanter Herrschaft auf der einen Seite, Unterwerfung und Unterordnung auf der anderen Seite. Wo die Grenzen für Herrschaft und Unterwerfung liegen, definieren die Partner gemeinsam. Manche Tops stellen dem Partner nur kleine Aufgaben, andere nehmen ihn sprichwörtlich an die Leine.

Die beiden Rollen werden bewusst angestrebt und ausgelebt. Zu diesen psychisch orientierten Praktiken gehört auch wiederum die Kategorie der Erziehungsspiele, bei denen der dominante Partner dem Devoten bestimmte Verhaltensweisen vorgibt.

Eine spezielle Variante sind erotische Themenrollenspiele wie das Ageplay – dabei wird im Spiel ein starker Altersunterschied angenommen – oder das Petplay – bei dem der Bottom die Rolle eines Tieres übernimmt, sowie die Konstellation von Herrschaft und Sklaventum. Letztere kann für die Dauer einer Session umgesetzt werden, oder auch in den Alltag übernommen werden. Man spricht dann von 24/7 – 24 Stunden am Tag, 7 Tage in der Woche. Beide Partner gehen durchaus einem normalen Alltag nach. Es geht vor allem darum, sich durch kleine Gesten oder Regeln des Machtgefälles bewusst zu sein. Eine weit verbreitete Sitte ist beispielsweise das ständige Tragen eines Halsbandes durch den Bottom, um die Verbundenheit und die Unterwerfung unter den Dom auch in dessen Abwesenheit zu empfinden beziehungsweise nach außen darzustellen.

Nebenbei bemerkt ist BDSM keine Erfindung der Neuzeit. Bereits einige der ältesten Keilschrifttafeln der Welt belegen Rituale, die zu Ehren der Göttin Ištar durchgeführt wurden. Beschrieben werden diese Rituale mit Schmerz und Ekstase, Strafen, Stöhnen ... ganz im Sinne von BDSM.

Bereits aus dem 9. Jahrhundert v. Chr. sind griechische Schriften über

Flagellation überliefert. Ende des 6. Jahrhunderts v. Chr. wurde in einem etruskischen Grab in Tarquinia eine sexuelle Züchtigung dargestellt. Auch im Kamasutra sind Schlagspiele überliefert und wird darauf hingewiesen, dass diese beim Geschlechtsverkehr nur in gegenseitiger Übereinkunft stattfinden dürfen, da sie nicht von jedem Partner als lustvoll empfunden werden.

Spätestens seit dem 18. Jahrhundert wird das Thema sexueller Züchtigung auch im deutschsprachigen Raum thematisiert und erlebt einen Aufschwung in den 1980er Jahren.

Obwohl Marquis de Sade und Leopold von Sacher-Masoch eng mit den Begriffen Sadismus und Masochismus verbunden sind, distanziert sich die Szene heute von de Sade, da dessen Biographie und Verhaltensweisen mit dem Verständnis der Freiwilligkeit nicht in Übereinstimmung stehen. Ähnlich verhält es sich in SM-Romanen der Gegenwartsliteratur, bei denen die Realitätsnähe mitunter zu Gunsten von Spannung und Unterhaltungswert in den Hintergrund treten.

1.5 Vorbereitung, Regeln, Grenzen, Safewords

Vorbereitung

Eine gründliche Vorbereitung der Session garantiert für beide Partner maximale Lust. Gleichgültig ob Sie zuhause mit Ihrem Lebenspartner spielen oder sich an einem fremden Ort mit Ihrem Spielgefährten treffen. Sie müssen überdenken, was benötigt wird.

Der Ort selbst muss mit den gewünschten Utensilien vorbereitet werden. Es macht keinen Spaß, wenn Sie Gegenstände, die Sie verwenden möchten, erst suchen müssen. Oder die Massagebank noch nicht aufgebaut ist, wenn es losgehen soll. Wichtig sein können auch Decken, Handtücher, Kissen, für eine gewisse Bequemlichkeit. Wasser oder andere antialkoholische Getränke müssen bereitstehen.

Gerade zur kalten Jahreszeit muss für eine angenehme Raumtemperatur gesorgt sein, damit der meistens nackte Sub nicht friert. Im Sommer sollte der Raum hingegen gut klimatisiert und gelüftet sein. Heiß wird Ihnen beim Spielen sowieso. Ebenso sollte es angenehm riechen, ohne aber mit Räucherstäbchengeruch überfrachtet zu sein.

Machen Sie sich eine Liste und arbeiten Sie diese in Ruhe ab. Das können beide zusammen tun, was die freudige Erwartung schüren kann. Oder der Dom weist dies bereits als erste Aufgabe seinem Sub zu – was aber nicht aus Gründen eigener Bequemlichkeit geschehen sollte, sondern das Spiel mit einem Lob einleitet, wenn alles gelungen ist.

Zur Vorbereitung gehört natürlich auch die Absprache des Spiels, denn dies kann nach Tagesverfassung, Stimmung und körperlicher Fitness variieren. Eventuell werden auch besondere Kleidungsstücke benötigt und müssen zunächst organisiert werden, beispielsweise bei einem Doktorspiel oder wenn der Dom den strengen Lehrer mimt, Sub die ungezogene Göre.

Regeln

Die wichtigste aller Regeln kann nicht oft genug betont werden: alles, was geschieht, muss einvernehmlich sein. Reden Sie miteinander! Was soll Wo und Wann und vor allem *Wie* stattfinden. Wenn Sie bei einem Vorschlag Ihres Spielpartners Unwohlsein empfinden, lassen Sie sich nicht dazu überreden. Niemand ist feige, nur weil er bestimmte Praktiken nicht ausprobieren will. Der Wohlfühlfaktor steht im Vordergrund.

Zu den Regeln und Grenzen gehört somit, bei welchem Verhalten Sub welche Art der Bestrafung zu erwarten hat. Wie zart oder hart darf diese sein, welche Anrede sollte Sub gegenüber dem Dom verwenden. Darf eine geplante Züchtigung mit dem Rohrstock Striemen zurücklassen oder sind diese zu vermeiden, weil Sub am nächsten Tag einen Saunabesuch geplant hat? Ist Anal- oder Oralverkehr im Rahmen des Möglichen oder ein absolutes No-go? Darf dies unter Fesselung stattfinden, als spielerische Vergewaltigungsfantasie? Findet das Spiel zu zweit statt oder soll es ein flotter Dreier werden?

Sprechen Sie alles an, was Ihnen als Wunsch, aber auch als abtörnendes Element am Herzen liegt.

Grenzen

Grenzen sind generell durch die getroffenen Absprachen gesetzt und darüber hinaus stellt alles, was zu einer physischen oder psychischen Belastung werden kann, ein No-Go dar. Die Fürsorgepflicht liegt in diesem Fall beim Dom. Selbst wenn Sub die Meinung vertritt, er/sie könne noch mehr ertragen, der Dom aber Zweifel aufgrund von Verhalten, Körpersprache oder Hautfarbe des Subs hat, so liegt es in der Pflicht des Doms, das Spiel zu beenden.

Safeword, Safesignal

Um während der gesamten Session sicherzustellen, dass das Spiel einvernehmlich bleibt und dem Sub keine Dinge aufgezwungen werden, die er oder sie nicht erleiden möchte, wird in der Regel ein sogenanntes Safeword vereinbart. Mit diesem kann das Spiel jederzeit abgebrochen werden.

Nun, was genau ist ein Safeword? Das Safeword ist ein spezieller Begriff, auf den sich beide Partner vor Beginn des Spiels einigen. Dieses Wort findet während der eigentlichen Session keinerlei Verwendung, ist also für den Ernstfall reserviert. Damit ist das Safeword eindeutig und steht unmissverständlich für den sofortigen Abbruch. Das Wort sollte einfach sein, damit es in einem Anflug von Panik nicht vergessen wird, beispielsweise SOS, Mayday oder Stopp.

Lassen Sie sich nicht emotional dazu verleiten, diesen Abbruch als Spielverletzung zu bewerten, als einen Ausdruck der Feigheit beziehungsweise in Ihrem Partner einen Spielverderber zu sehen. Denn das trifft auf keinen Fall zu. Der Gebrauch des Safewords kann lebenswichtig sein und ist daher ein ernstzunehmender und vollständig zu akzeptierender Wunsch, ungeachtet des Auslösers.

Gründe für den Abbruch liegen häufig im Erreichen einer Grenze wie psychischem Unwohlsein, Überforderung, aber auch in körperlichen Missempfindungen wie eingeschlafenen Gliedmaßen, Schwindelgefühl, Übelkeit oder Herzrasen, oder ganz simpel in einer vollen Blase. Wohlbefinden und Gesundheit müssen also zu jedem Zeitpunkt im Vordergrund stehen. Der dominante Partner hat die Fürsorgepflicht für seinen Sub, wobei es auch ihm selbst aus jedweden Gründen zusteht, die Session zu beenden.

Anstelle eines Safewords ist ein *Safesignal* notwendig, wenn kein Safeword gegeben werden kann, beispielsweise aufgrund eines Knebels. Die Alternative kann ein kleiner Quietscheball sein, den Sub in der Hand hält und bei Bedarf drückt oder fallen lässt, oder ein Glöckchen oder etwas anderes. Es kann auch eine bestimmte Geste oder Haltung sein, was wiederum nur in Frage kommt, wenn Sub nicht streng gefesselt wird.

1.6 Sklavenverträge

Die BDSM-Szene funktioniert nicht nur mit bindenden Regeln, sondern bedient sich auch gewisser Symbole, um die Zugehörigkeit und die Art der Rolle nach außen zu demonstrieren. Wenn man das will. Dazu gehört nicht nur der schon genannte Dresscode.

Insbesondere die Unterwerfung des Sub wird von manchen durch Symbole wie ein besitzanzeigendes Halsband, das Tragen eines Rings der O, extrem kurz geschnittene Haare oder Glatzen, bis hin zu besonderen Tätowierungen, Branding oder das Tragen von Intimschmuck demonstriert.

Eine extreme Regelung ist die schriftliche Fixierung des Machtverhältnisses in einem sogenannten Sklavenvertrag [thematisiert u.a. in DEIN]. Mit dieser symbolischen Handlung soll die besondere Verbundenheit der Partner und ihre gemeinsamen Vorstellungen

„verbindlich" festgehalten werden. Dabei sind solche Sklavenverträge natürlich rechtlich betrachtet in keinerlei Weise bindend, da sie nach allgemeiner Auffassung gegen die guten Sitten verstoßen und dementsprechend nach § 138 BGB nichtig sind.

2. Spielarten des Kink

Generell muss an dieser Stelle mal gesagt werden, dass Sex Spaß machen soll. Und alles, was dabei der Freude des Partners und der eigenen dienlich ist, ohne den anderen in irgendeiner Weise zu brüskieren oder in Gefahr zu bringen, ist erlaubt.

Genügt den Partnern ein einfaches Vorspiel mit Küssen und Streicheln und ihr Sex findet seine eher rasche Erfüllung in ein oder zwei Standardpositionen, dann ist das völlig okay und wird in dieser Form als Vanilla bezeichnet. Dieser Begriff wurde von der BDSM-Subkultur geprägt und bezeichnet im Grunde genommen alle Sexualpraktiken und deren Anhänger, die nichts mit BDSM zu tun haben.

Den Ausdruck „Vanilla“ wählte man, weil Vanilleeis die allgemein beliebteste Eissorte ist, jedoch eher langweilig und durchschnittlich schmeckt, verglichen mit anderen Sorten. Ein deutsches Synonym dafür ist auch „Blümchensex“, wobei dieser bei heterosexuellen Paaren auch für die „Missionarsstellung“ im Gegensatz zu anderen Stellungen steht.

Tja, und erst wenn Dominanz und/oder Lustschmerz ins Spiel kommt, spricht man dann von Kinky-Sex oder BDSM.

Der englische Begriff „Kink“ bedeutet so viel wie „sexuelle Abartigkeit“. Da sich dies aber so anhört, als handle es sich hier um etwas moralisch Verwerfliches, wird Kink im BDSM mit „andersartig“ gleichgesetzt. Es ist eben eine sexuelle Spielart, die anders ist, als sie die Allgemeinheit praktiziert. Nicht mehr, und nicht weniger.

2.1 Alles, was Sie für die Lustfolter benötigen

Fesseln erfüllen immer einen doppelten Zweck. Zum einen übt der Dom darüber Macht und Kontrolle aus. Freiwillig vom Sub akzeptierte Kontrolle, denn dieser wird sich gegen die Fesselung niemals ernsthaft wehren. Zum anderen wird sich der Sub, sobald die Fesselung geschehen ist, vollkommen in seine unterwürfige Lage ergeben. Beide Partner können dann aus ihrer jeweiligen Position Lust gewinnen.

Solange keine Gesundheitsgefährdung davon ausgeht und das Vorhaben nicht den zuvor getroffenen Vereinbarungen widerspricht, kann der Dom diese Art der Kontrolle solange aufrecht halten, wie er möchte. Gerade das Ausreizen der Hilflosigkeit und des ohnmächtig dem Partner Ausgeliefertsein, kann den Sub in Erregung und bis an den Rand des Orgasmus bringen. Den Orgasmus dabei auch herauszuziehen und den Sub nicht kommen zu lassen, oder aber von einem Orgasmus zum nächsten zu treiben, bis er oder sie nicht mehr kann, gehört zur Lustfolter dazu.

Befassen wir uns nun zunächst mit den Möglichkeiten der Fesselung.

Eigentlich sind der Fantasie keine Grenzen gesetzt, wenn man im eigenen Haushalt nach etwas zum Fesseln sucht. Natürlich können Sie weiche Tücher oder Schals verwenden oder eine Krawatte, die schon lange nicht mehr getragen wurde, wenn Sie mit Ihrem Lebenspartner mal ausprobieren möchten, ob dieses Spiel überhaupt etwas für Sie beide ist. Einfach mal die Hände vor dem Bauch fesseln, oder Sub sitzend mit Tüchern an die Stuhllehne festbinden, kann durchaus für ein Testerlebnis reichen. Natürlich kann man daran nicht so fest reißen wie an stabilen Lederfesseln. Aber wenn dieses Spiel beiden gefällt, lässt sich das ja schnell ändern.

Gut geeignet zum Testen sind auch ausgemusterte Bettlaken, die man in Streifen schneidet. Das ist dann gleichzeitig eine fröhliche Form des Recyclings. Sozusagen.

Der Nachteil dieses „Haushaltsinventars“ ist jedoch auch schnell erklärt. Sind die Knoten nicht fest genug, halten sie nicht. Sind sie zu fest angezogen, wird es schwierig, sie zu lösen, insbesondere wenn es schnell gehen soll. Darüberhinaus schnüren sie möglicherweise ein, zum Beispiel Seidenstrümpfe. Dasselbe gilt für Metalldrähte, Kabel oder Kabelbinder. Alle diese Fesselungsoptionen sind gefährlich und für häufigere Anwendung auch viel zu unpraktisch.

Für eine sichere und unkomplizierte Vorgehensweise empfehlen sich daher als Einstieg ein paar gepolsterte *Handschellen* (auch Cuffies) oder *Handgelenksmanschetten.* Es gibt diese mit bunter, plüschiger Polsterung oder in schwarzes Leder gefasst in verschiedenen Ausführungen in Online-Shops (Erotik-Shops aber auch bei Amazon und Co). Überlegen Sie beim Kauf, ob Sie Handschellen mit Ketten benötigen, denn damit sind Sie flexibler und können Sub an das Bettgestell oder ein anderes Möbelstück anketten.

Es gibt auch reine Fesselketten, die jedoch nicht unproblematisch sind. Zum einen sollten diese nickelfrei sein, um nicht Allergien auszulösen. Die Kettenglieder dürfen nicht offen sein, da der Gefesselte sich sonst daran verletzen kann. Fesselketten sind steif und unflexibel, was ebenfalls zu Schwierigkeiten führen kann oder auch einfach extrem unbequem ist.

Verbunden werden Ketten am einfachsten durch Karabiner, die sich an einer Seite schnell öffnen lassen, ein nicht unwichtiger Sicherheitsaspekt, der allerdings nicht unter Belastung funktioniert, wie beispielsweise bei einer Hängefesselung.

Praktisch sind auch Fesseln mit Klettverschlüssen, da sie sich stufenlos jeder Größe anpassen und sich im Notfall schnell öffnen lassen. Dabei sind sie erstaunlich stabil. Einziger Nachteil: Klettverschlüsse fangen Fussel und Haare ein und können so schnell verschmutzen. Also immer im geschlossenen Zustand lagern, um genau dies möglichst lange hinaus zu zögern.

Soll's etwas mehr sein? Dann greifen Sie doch zu *Fäustlingen* aus Leder oder Stoff. Am Handgelenk werden sie mit Schnallen oder

Schlössern gesichert, damit der Sub sie nicht selbstständig ausziehen kann. Das Gefühl der Hilflosigkeit ist dabei noch stärker als bei Handschellen. Ähnlich verhält es sich mit *Monohandschuhen*, die sich von den Fingerspitzen bis über die Oberarme erstrecken.

Natürlich kann man auch noch absoluter fesseln, beispielsweise durch das Anlegen einer *Zwangsjacke*. Dabei steigt man sozusagen verkehrt herum mit den Armen in eine spezielle Jacke, wobei die Arme sodann vor dem Brustkorb (oder hinten auf dem Rücken) mit Gurten stramm festgebunden werden, sodass man seine Arme nicht mehr bewegen kann. Ein Zustand absoluter Hilflosigkeit, der durch ein Modell, bei dem sich zwischen den Beinen auch ein Gurt befindet, noch getoppt werden kann. Selbstständig sich aus dieser Zwangsjacke zu befreien ist unmöglich.

Die in der BDSM-Szene verwendeten Modelle weichen von den Stoffversionen, wie man sie mit Krankenanstalten assoziiert, durch die Verwendung von Leder oder Latex ab, oft auch durch einen engeren Halsausschnitt. Schließlich ist kein Komfort angestrebt, sondern eine Bestrafung!

Wichtig ist trotz allem die passende Größe. Ist die Jacke zu groß, kann der Gefesselte sich womöglich doch selbst befreien. Ist sie zu eng, kann sie auf den Brustkorb drücken und die Atmung einschränken, oder zu lästigen Schweißausbrüchen führen.

Andere Varianten der Fesselkleidung sind *Harnesse*, ein meistens aus Lederriemen bestehendes Geschirr, das sich über den Oberkörper zieht und ausgestattet mit eingearbeiteten Ringen verschiedene Arten der Fesselung zulässt.

Vielleicht stehen Sie aber eher auf Fesselröcke? Ein *Fessel-* oder *Humpelrock* ist so schmal geschnitten, dass er nur noch Trippelschritte erlaubt. Manche Modelle erlauben ein variables Einstellen der erlaubten Schrittgröße, indem querlaufende Riemen angebracht sind, um die Weite verstellen zu können.

Fesselschuhe verfügen über Befestigungsmöglichkeiten für Seile oder Karabinerhaken. Meistens sind an den Sohlen sogenannte D-Ringe angebracht, die zum Aufhängen des Sub über Kopf bei einer Schwebefesselung verwendet werden können.

Auch hochhackige Stiefel von Sklavinnen, die um die Knöchel abgeschlossen werden, damit sie nicht willentlich ausgezogen werden können, zählen zur Kategorie der Fesselschuhe.

Gehört Ihr(e) Sub zu den Menschen, die es schaffen, ohne Punkt und Komma zu reden oder endlos zu diskutieren? Dann wäre eine erzieherische Maßnahme in Sachen „Klappe halten" doch besonders reizvoll. Es gibt ja so wunderschöne *Knebel*. Angefangen von ganz einfachen Ballknebeln, die zwischen die Zähne geschoben und mittels eines breiten Gummibandes und Klettverschlusses hinter dem Kopf geschlossen werden. Findige Subs schaffen es allerdings, diesen Knebel mit der Zunge aus dem Mund und nach unten über das Kinn wegzuschieben. Mit einem aufblasbaren Knebel verhindern Sie das. Einfach per Handdruck Luft in den Knebel pumpen und schon füllt dieser den Mundraum besser aus und Sub hält die Klappe.

Wem das noch zu einfach oder nett ist, verwendet einen aufblasbaren Knebel, der in eine *Gesichtsmaske* eingearbeitet ist und den Kopf teilweise oder ganz umschließt, inklusive Augenmaske. Nichts hören, nichts sehen, nichts sagen – lässt sich damit problemlos umsetzen. Sehr viel hilfloser kann Sub nicht sein.

Für extremere Knebelwünsche findet man in speziellen BDSM-Online-Shops auch Artikel wie eine *Mund-* oder *Spreizbirne*, ursprünglich ein Folterinstrument des Mittelalters. Zwei löffelförmige Schalen aus Metall sind in Birnenform aufeinandergelegt und am verjüngten Ende beweglich miteinander verbunden. Die beiden Teile können mittels eines einfachen Gewindemechanismus im Inneren auseinander gespreizt werden. Sprechen ist unmöglich, im Gegensatz zu einem Ballknebel kann aber laut geschrien werden.

Bitte nicht übertreiben beim Spreizen! Sie wollen ja Sub nicht den

Kiefer brechen oder das Kiefergelenk aushaken! Da einer solchen Spreizbirne die Elastizität eines Ballknebels fehlt, muss sowohl auf die Unversehrtheit der Zähne wie auch Subs Psyche geachtet werden. Es könnte sich Panik breitmachen.

Im BDSM-Handel werden Spreizbirnen angeboten, die als Knebel, oder aber zur Dehnung von Anus und Vagina geeignet sind. Darunter sind auch abschließbare Exemplare, damit Sub sich nicht selbst davon befreien kann.

Daneben gibt es besondere Formen je nach geplantem Spiel, wie beispielsweise Maulkörbe oder *Trensen*, geeignet für spezielles Petplay, dazu später mehr.

Das Pendant zum Verschließen der oberen Öffnung mit einem Knebel ist der *Buttplug* oder *Analplug* für Subs hintere Öffnung. Plugs gibt es in verschiedenen Längen und Durchmessern und aus unterschiedlichsten Materialien. Die Verwendung eines solchen Plugs stellt eine besondere Form der Demütigung dar, weil er in jeder Phase spürbar ist. Der Analmuskel möchte sich zusammenziehen und wird durch den Stöpsel spürbar daran gehindert. Darüber hinaus werden Plugs verwendet, um den Schließmuskel zu dehnen und elastischer zu machen, als Vorbereitung auf späteren Analverkehr.

Bei den ersten Malen mag das Einführen und Tragen ein wenig unangenehm sein, bis Sub sich daran gewöhnt und akzeptiert hat, dass der Dom dies verlangt, möglicherweise auch außer Haus oder Tag und Nacht im Sinne einer spielerischen Demütigung oder auch einer Unterwerfung von 24/7.

Wie gehen Sie am besten vor? Gönnen Sie Sub eine ausreichende Gewöhnungsphase und tasten Sie sich gemeinsam an Material und Größe heran. Für den Anfang ist ein Plug aus Silikonkautschuk zu empfehlen, der beim Einführen ein wenig nachgibt, sich weich anfühlt und als farbige Ausführung vielleicht sogar weniger bedrohlich aussieht.

Verwenden Sie für das leichtere Einführen ein Gleitgel und achten Sie darauf, dass dies auf Wasserbasis erstellt ist, da andere Substanzen wie Öle die Oberfläche vieler Plugs auflösen können. Drehen Sie den Plug beim Einführen hin und her und üben Sie nur sanften Druck aus. Das Überwinden der dicksten Stelle kann die ersten Male ein leichtes Brennen verursachen. Dies legt sich jedoch mit der Zeit.

Beginnen Sie mit einem kleinen Durchmesser, damit Sub sich an das Gefühl, dass der Stöpsel ein Zusammenziehen des Schließmuskels verhindert, langsam gewöhnen kann. Bald werden Sie feststellen, dass dieser Plug nicht lange gehalten werden kann und von alleine wieder heraus fluppt. Anlass für den Wechsel zu einer größeren Ausführung.

Neben unterschiedlichen Größen gibt es auch Plugs, die mittels einfachem Pumpball nach dem Einführen aufgeblasen werden können, um das Herausdrängen zu verhindern. Dies ist auf jeden Fall eine gute Alternative, bis man sich an das richtige Modell herangetastet hat.

Neben schlichten, meist einfarbig bunten oder schwarzen Plugs gibt es auch edle Ausführungen aus Glas, ein nobles Geschenk und ein Zeichen der Liebe oder Wertschätzung für artige Subs, oder aus Metall.

Und nun stellen Sie sich vor, Sie gehen an einem warmen Sommertag mit Sub zum Shoppen und Er oder Sie trägt unter der leichten Kleidung nichts weiter als nur den Plug. Ist dies nicht eine wunderbare Vorstellung, die erotisierend auf Sie wirkt? Wie sich dies zu einem heißen Spiel in der Öffentlichkeit steigern kann … herrlich!

Übrigens trägt die weibliche Sub den Buttplug auch während des Geschlechtsverkehrs, kann der Druck auf die Scheide und die damit verbundene Enge für beide Partner besonders erregend und Orgasmus fördernd sein.

Und auch in der Rubrik dieses Erotikspielzeugs gibt es besondere Leckerchen wie Plugs mit Pferdeschweif oder Hundeschwanz für ein adäquates Petplay. ;-) Dazu später mehr.

Das ungewohnte Tragen des Plugs als solches wie auch die Beanspruchung des Schließmuskels selbst können dazu führen, dass sich eine Entleerung des Stuhls ankündigt oder ein wenig beim Entfernen des Plugs mitkommt. Beugen Sie dem Drang vor, indem Sie durch einen Einlauf den Darm vor Einführen des Plugs entleeren.

Dazu genügt es, mittels eines kleinen Ballons lauwarmes Wasser einzubringen, ein wenig zu warten, damit dieses lösend wirkt, und die Prozedur eventuell ein zweites Mal wiederholen. Natürlich lässt sich auch dies ausweiten, beispielsweise zu einem Klinikspiel, später mehr dazu. Zu oft sollte man allerdings nicht abführen, da dies der Gesundheit und natürlichen Funktionalität des Darms abträglich ist.

Hat man bereits Erfahrung mit Analplugs gesammelt, kann es auch Spaß machen, selbst einen Plug aus einem Lebensmittel zu schneiden und einzuführen. Aber daran denken, das dicke Ende für die Rückholung stehen zu lassen. Geeignet ist beispielsweise die Ingwerwurzel. Schälen und in Form schneiden, schon ist der Plug einsatzbereit.

Was für ein köstlicher Reiz! Manche Subs empfinden ein leichtes Brennen, was wiederum besonders demütigend wirkt, im Übrigen aber nicht gesundheitsschädlich ist und in der Regel von alleine vergeht.

Mit Reizstrom lassen sich unterschiedliche Empfindungen von leichtem Kribbeln bis zu starken Schmerzen erzeugen. Als der aktive Partner sollte man über eine gewisse Erfahrung im Umgang mit Reizstrom und Wissen über *Elektrostimulation* verfügen. So sollten Elektroden niemals in der Nähe des Herzens aufgebracht werden und für Menschen mit Herzschrittmacher sind *Stromspiele* sowieso tabu.

Foltern mit *Kälte oder Hitze* sind spielerische Elemente, die richtig Spaß machen können. Während Sie für eine Lustfolterung mit Kälte gewöhnliche *Eis*würfel aus dem heimischen Gefrierfach verwenden können (über die Brustwarzen reiben, in Vagina oder Anus einführen und halten!), sollten Sie bei Hitzefolterung auf *Wachs* aus dem BDSM-Shop zurückgreifen. Diese Kerzen rußen nicht und vor allem wird das Wachs nicht sooo heiß, dass auf der Haut Brandblasen entstehen können.

Auch mit *Kitzeln* lässt sich herrlich foltern! Warum ist Kitzeln erotisch? Weil gerade viele Stellen, an denen man kitzlig ist, auch erogene Zonen sind. Zudem geht das Kitzeln mit Lachen einher, sorgt also für die Ausschüttung von Glückshormonen wie Endorphinen und Serotonin.

Beliebte Ziele sind Fußsohlen oder Achselhöhlen oder jede andere Körperstelle, an der Sub besonders kitzlig ist. Verwendet werden Federn, Pinsel oder Bürsten, und manchmal wird aus dem Kitzeln ein Fußfetisch oder etwas anderes.

2.2 Schläge

Spielerisches Bestrafen hat seinen eigenen Reiz. Oftmals empfinden gerade Menschen, die in Alltag und Beruf selbst Verantwortung und Kontrolle ausüben, die Abgabe derselben für den Zeitraum eines erotischen Spiels als besonders erregend. Aber natürlich auch Menschen, die ohnehin eine devot-masochistische Neigung haben.

Es lässt sich kaum erklären, warum etwas, was der eine vielleicht sogar abscheulich findet, den anderen so sehr erregt. Sind Strafen und Schmerzen nicht eher zu vermeiden? Tatsache ist, dass viele Menschen das Austeilen oder Empfangen von Schmerzen als überaus erregend empfinden. Erotisches Spanking kann im Rahmen eines Rollenspiels oder während des Geschlechtsverkehrs eingesetzt werden, und kann Ihrer Erregung den nötigen Schubs geben, um zum Höhepunkt zu kommen.

Widmen wir uns also im Folgenden den verschiedenen Spielarten, sowie der Frage, was erlaubt ist und was nicht.

Beim *Spanking* wird mit der Hand oder einem als Schlaginstrument geeigneten Gegenstand auf die Haut, vornehmlich Hintern oder Oberschenkel, geschlagen, wodurch ein lautes Klatschen zu hören ist. Probieren Sie das Spanking am besten zunächst mit der Hand aus. Formen Sie dazu eine leichte Schale mit Ihrer Hand, drücken Sie Ihre

Finger aneinander und schlagen Sie in einer Aufwärtsbewegung, das ist fürs Erste am einfachsten. Die einzelnen Schläge sollten kurz aufeinanderfolgen. Schlagen Sie vorzugsweise auf beide Hinterbacken, auf den unteren festeren Bereich und steigern Sie dabei nach und nach die Intensität.

Besonders schnell entwickelt sich der Schmerz, wenn Sie mehrmals hintereinander auf dieselbe Stelle klatschen, wobei die unterschiedliche, unerwartete Platzierung der Hiebe auch reizvoll ist. Variieren Sie dabei Druck, Häufigkeit und Geschwindigkeit, um Erfahrungen zu sammeln.

Wichtig: schlagen Sie Ihren Partner ausschließlich auf den Po und die Oberschenkel, auf keinen Fall auf den Rücken, die Nieren oder die Brust. Hören Sie sofort auf, wenn Ihr Partner das Safeword ausspricht. Nach dem Spanking sollten Sie die Haut auch ein wenig pflegen, am besten mit einer kühlenden Feuchtigkeitscreme.

Wenn sich die Partner einig sind, dass das Spanking härter oder interessanter ausfallen soll, investieren Sie in entsprechende Schlaginstrumente. Natürlich tut es für den Anfang auch ein ausgemusterter Kochlöffel aus Holz oder eine gewöhnliche Fliegenklatsche oder sogar Omas Teppichklopfer. Auch dabei gilt, nur Po und Oberschenkel zu schlagen und besonders vorsichtig zu sein.

Was bietet der BDSM-Handel an Züchtigungsinstrumenten? Eine ganze Menge.

Das *Paddel* ähnelt einer Fliegenklatsche, nur besteht es nicht aus Plastik, sondern Leder. Fürs Erste können Sie natürlich eine Fliegenklatsche verwenden. Allerdings kann diese ein hübsches Muster auf Subs Po hinterlassen – meistens nur vorübergehend – und bei häufiger Verwendung sich verbiegen oder spröde werden und brechen. Paddel sind nicht nur sicherer in der Anwendung, es gibt sie auch in verschiedenen Ausführungen, für jeden Geschmack ist etwas dabei.

Dann gibt es den klassischen *Rohrstock*. Schläge mit dem Rohrstock verursachen einen scharfen Schmerz und hinterlassen meistens Schwellungen oder auch Striemen auf der Haut. Perfekt für ein

Lehrer-Schüler-Rollenspiel mit intensiver Rohrstock-Züchtigung, eventuell über einer Bank. Diese härtere Art der Züchtigung bezeichnet man auch als *Flagellation* oder *englische Erziehung*.

Beginnen Sie mit geringer Entfernung zur Haut und lassen Sie den Rohrstock nach vorne schnalzen. Dabei sollte das untere Ende treffen, aber nicht die Spitze. Sobald Sie Übung und Ihr Sub sich an den Schmerz gewöhnt hat, können Sie den Rohrstock weiter von der Haut entfernen und mehr Schwung nehmen.

Beschichtete Rohrstöcke sind leichter zu handhaben. Bei unbeschichteten oder unbehandelten Stöcken sollten Sie darauf achten, dass sich keine Splitter lösen. Das gilt auch bei Verwendung von Stöcken aus der Natur, beispielsweise Weidenruten.

Möglicherweise verursacht der Rohrstock Striemen auf der Haut. Das sollten Sie zuvor einvernehmlich abgeklärt haben.

Gleiches gilt für den Einsatz einer Reitgerte. Handhabung und Schmerz ähneln dem Rohrstock, nur eignet sich eine Reitgerte auch, um durch Gesten Anweisungen zu erteilen und natürlich um Ihr Pony beim Petplay zu dirigieren.

Wenn Ihnen das klatschende Geräusch bei Rohrstock oder Reitgerte abgeht, wäre eine Peitsche geeigneter. Es gibt verschiedene Ausführungen, wobei wir als Einstieg einen *Flogger* für das gemeinsame Kennenlernen dieser Straftechnik empfehlen können.

Üblicherweise ist der Flogger aus Gummi, Nabuk- oder Nappa- oder anderem Leder gefertigt, mit breiten oder dünnen Ledersträngen am einen Ende und einem festen handlichen Griff am anderen Ende. Manche Flogger besitzen zwischen Lederriemen und Griff ein drehbares Gelenk, so dass ein Kreisen der Lederbänder möglich ist.

Flogger gibt es als Mini-Flogger in praktischer Handtaschengröße bis zur Länge von etwa einem halben Meter.

Aufgrund seines eher weichen Leders hinterlässt der Flogger selten Spuren und das Ausmaß des erzeugten Schmerzes ist gut zu ertragen. Später kann man den Flogger zum Aufwärmen einsetzen und dann zu einem anderen Instrument, wie Peitsche oder Rohrstock wechseln.

Flogger aus dünnem Hartleder können auch für sehr schmerzhafte Bestrafungen eingesetzt werden, wenn nur die Spitzen die Haut des Sklaven berühren. Dies erfordert natürlich einige Übung.

Als Steigerung können Sie eine *Riemenpeitsche* probieren. Diese besteht aus vielen Wedeln, die einen intensiven klatschenden Schmerz erzeugen. Am einfachsten ist sie anzuwenden, wenn sie in Form einer Acht geschwungen wird. Wenn Sie vorsichtig sind, können Sie die Peitsche auf dem Rücken Ihres Subs niedergehen lassen. Halten Sie aber immer ausreichenden Abstand zum Kopf!

Es gibt Riemenpeitschen aus unterschiedlich weichem Material, mit verschieden dicken Enden zur Auswahl. Wenn Sie einen schärferen Schmerz erzeugen wollen, kaufen Sie eine mit dünneren und schwereren Enden, beispielsweise eine neunschwänzige Katze.

Noch intensiver wird es – erfordert aber auch viel, sehr viel (!) Übung vor der Anwendung – wenn Sie eine Bullenpeitsche einsetzen wollen. Dabei handelt es sich um eine bis zu zwei Meter lange, aus Leder geflochtene Peitsche. Bullenpeitschen erzeugen einen wirklich gemeinen Schmerz, der sich fast so scharf wie ein Schnitt anfühlt. Bevor Sie Ihren Partner damit quälen, müssen Sie Ihre Treffsicherheit an einem toten Gegenstand üben, am besten im Freien, wo Sie niemanden gefährden. Mancherorts kann man den Umgang auch in einem SM-Workshop erlernen.

Safeword? Unbedingt!

2.3 Bondage

Das Thema Bondage haben wir bereits im ersten Kapitel bei den Begriffserklärungen erwähnt. Während es jedoch dort nur allgemein darum geht, was Bondage ist, möchten wir an dieser Stelle näher auf

Anwendung und Regeln eingehen.

Der aus dem Englischen stammende Begriff bedeutet so viel wie Unfreiheit und wird für Praktiken zur Fesselung bzw. Einschränkung der Bewegungsfreiheit verwendet. Somit spielt Bondage in allen Bereichen von BDSM eine Rolle, kann aber auch als eine eigenständige Spielart ausgeübt werden. Ein wichtiger Aspekt innerhalb des Bondage sind Erotik und Ästhetik. Innerhalb der BDSM-Literatur werden verschiedene Einteilungen verwendet, um die Praktiken zu klassifizieren:

Von *Zweckbondage* spricht man, wenn die Fesselung primär der Fixierung des Subs dient, beispielsweise für ein Spanking. Mit *Folterbondage* hingegen meint man, dass die Fesselung oder die damit einhergehende Position eher unangenehm ist. Bei einer *Wickelbondage* werden Seile, Klebeband oder auch Frischhaltefolie um den Körper oder auch nur um bestimmte Körperbereiche gewickelt. Die Technik kann bis zur sogenannten *Mumifizierung* ausgedehnt werden, unter Verwendung eines Fesselsacks oder Vakuumbetts.

Weaving bezeichnet eine aufwendige und sehr ästhetische Technik, bei der Seile in Zickzack-Form auf dem Körper angebracht und dann mit einem zweiten Seil durchwoben werden. Ähnlich verhält es sich mit *Zierbondage*, worunter man Fesselungen versteht, die zur Hervorhebung bestimmter Körperregionen als Dekoration dienen oder anstelle von Kleidung auf einer Fetischparty getragen werden. Dies kann sich im *japanischen Bondage* oder *Shibari* zu einem Gesamtkunstwerk steigern, denn hier besteht der Hauptzweck neben der Immobilisation im Schaffen einer harmonischen Einheit von Sub und Seil.

Weitere Bondage-Einteilungen sind möglich.

Eine besonders risikoreiche Form des Bondage ist die *Selbstfesselung* für das Erreichen sexueller Befriedigung. Damit das Gefühl des Gefesselt- und Ausgeliefertseins möglichst echt erlebt werden kann, werden Zeitschaltuhren eingesetzt, gefrorene Fesselutensilien verwendet, die sich erst nach dem Auftauen öffnen lassen, und anderes.

Unter Sicherheitsaspekten ist Self-Bondage abzulehnen, da eine der grundlegenden Sicherheitsregeln verletzt wird: eine gefesselte Person darf niemals alleine gelassen werden. Körperliche Schäden bis hin zum Tod sind die Risiken, die eingegangen werden. Es kommt jedes Jahr zu Todesfällen!

Ebenfalls eine spezielle Form des Bondage ist der *Hogtie.* Während beim Bondage häufig der ästhetische Aspekt im Vordergrund steht und spezielle Bondage-Seile oder -Tapes verwendet werden, geht es bei der Hogtie-Fesselung vor allem darum, die Bewegungsfreiheit aufs Äußerste einzuschränken, wofür alle möglichen Fesselmaterialien in Frage kommen.

Ursprünglich verstand man unter einem Hogtie die Fesselung von Nutztieren durch Zusammenbinden sämtlicher Gliedmaßen, um sie an einer Flucht zu hindern.

Die klassische Hogtie-Fesselung beginnt demzufolge damit, dass der zu fesselnde Partner bäuchlings liegt. Dann werden Hand- und Fußgelenke gefesselt und auf dem Rücken mit einem Seil verbunden. Je kürzer dieses ist, umso strenger und auswegloser wird die Fesselung, setzt also auch eine gewisse Beweglichkeit und Leidensfähigkeit voraus. Der aktive Part muss sich daher umso mehr seiner Verantwortung für die Sicherheit des Gefesselten bewusst sein. Vor allem, wenn dieser auch noch durch einen Knebel ruhig gestellt ist und keinerlei Hilfezeichen von sich geben kann.

Aufgrund von Lage und Anspannung des Körpers können Krämpfe und Atemnot auftreten. Der Gefesselte darf also zu keiner Zeit allein gelassen werden und muss bei ersten Anzeichen von Problemen sofort befreit werden.

Eine weitere Möglichkeit besteht im Einsatz eines *Bondage- oder Fesselsacks*, wie schon zuvor bei der *Wickelbondage* erwähnt. Es gibt Ganzkörpersäcke, die den Kopf aussparen, aber auch Modelle, die nur bestimmte Körperbereiche bedecken. Bevor Sie sich einen Bondagesack anschaffen, können Sie fürs Erste die Anwendung und den Genuss mit einem stabilen Müllsack testen. Der Sack wird vorsichtig um den Hals geschlossen, so dass Sub zu keiner größeren Bewegung mehr befähigt ist.

Allerdings sind Müllsäcke ebenso wie sogenannte Saunasäcke aus luftdichtem Material nicht für Langzeitspiele geeignet, da man darin zu sehr schwitzt und die Körpertemperatur steigt. Außerdem auf keinen Fall über den Kopf ziehen, da Erstickungsgefahr besteht! Für solche Spiele gibt es spezielle Säcke aus atmungsaktivem Material!

Achten Sie auch darauf, Sub so zu platzieren, dass ein Umfallen und Verletzungen ausgeschlossen werden.

2.4 Heiß machen – Orgasmus-Kontrolle – Keuschhaltung

Eine der gemeinsten Foltermethoden für den Sub, aber schönsten Machtdemonstrationen für den Dom stehen in direktem Zusammenhang mit dem Orgasmus. Einerseits kann das Ziel gesteckt sein, Sub nicht kommen zu lassen. Andererseits Sub aber auch zu reizen und scharf zu machen. Gerade in dieser Ambivalenz liegt der besondere Reiz, denn natürlich lässt sich beides auch kombinieren.

Im Detail: die Orgasmus-Kontrolle kann in der einfachsten Form verbal erfolgen. Der devote Part wird durch entsprechende Stimulation immer wieder bis kurz an den Höhepunkt geführt. Sub wird es jedoch verboten zu kommen und falls es ihr oder ihm aufgrund der entsprechenden Stimulation nicht gelingt, den Orgasmus zurückzuhalten, was durchaus das vom Dom verfolgte Ziel sein kann, ist eine Bestrafung nur logisch.

Heißmachen kann ja auf die unterschiedlichste Weise erfolgen, wie jeder selbst weiß. Eine besondere Gemeinheit besteht im Tragen eines *Dildoslips*, der einen ständigen physischen Reiz ausübt. Es gibt sie in verschiedenen Ausführungen, mit einem oder zwei Kunstpenissen, um die weibliche Sub völlig zu verschließen, oder mit einem Buttplug für Männer. Nur aus Riemen zum Umschnallen bestehend, oder aus einem kompletten Slip, enganliegend und unauffällig, und natürlich gibt es auch Versionen mit Schloss, um Sub am Ausziehen zu hindern.

Hierbei ist der Plug im Slip fest verankert, so dass ein Herausdrücken auch bei längerem Tragen nicht möglich ist. Schicken Sie Sub damit zur Arbeit oder zum Einkaufen und Sie können sicher sein, dass ihr Partner beim Heimkommen um Erlösung und Sex betteln wird.

Wer die Kontrolle noch machtvoller ausüben will, kann für seinen Sklaven einen *Keuschheitsgürtel* anschaffen. Indem der Sklave den Schlüssel seiner Herrschaft überlässt, übereignet er ihr auch seine Sexualität.

Den Keuschheitsgürtel für männliche Subs gibt es als *Peniskäfig* aus durchsichtigem oder farbigem Polycarbonat oder aus Metall. Er wird wie ein Kondom übergezogen und umschließt dabei Penis und Hoden. Ein Schlitz am Ende erlaubt das Urinieren während des Tragens. Erhältlich sind Keuschheitskäfige vorrangig in BDSM-Online-Shops.

Sklaven verhalten sich in der Keuschhaltung wesentlich devoter und sind bereit, alles zu tun, damit der Keyholder die Orgasmuskontrolle vorübergehend aufhebt. Es obliegt also dem Sadismus der Herrschaft, wie lange er seinen Sklaven hinhalten will.

Für den weiblichen Sklaven sieht die Sache etwas komplizierter aus. Da der Keuschheitsgürtel Taille und Unterleib umfasst, ist schon eher eine Sonderanfertigung notwendig, denn nur ein maßgefertigter Keuschheitsgürtel sitzt eng genug, kneift trotzdem nicht und hinterlässt keine Druckstellen. Zwischen Bestellung und Lieferung muss folglich eine längere Wartezeit eingeplant werden. Auch dieser Keuschheitsgürtel ist natürlich abschließbar, sonst erfüllt er ja seinen Zweck der Kontrolle nicht.

In beiden Fällen ist trotzdem dafür gesorgt, grundlegende Hygiene zu betreiben und Urin abzugeben. Erfolgreich verhindert wird jedoch die Selbstbefriedigung, da weder Eichel noch Klitoris berührt werden können. Beim Mann wird auch das Aufrichten des Penis und somit der Orgasmus verhindert, bei der Frau das Einführen eines Vibrators oder Penisses.

Steigern lässt sich die Orgasmuskontrolle noch auf eine andere Weise, mittels *Figging*. Dabei wird aus einer frischen Ingwerwurzel ein kleiner Buttplug geschnitten, der in der Größe dem Analzugang des Sklaven angepasst und in seinen Anus gesteckt wird. Die im Ingwer enthaltenen Stoffe reizen den Anus, angefangen von Hitze bis hin zu starkem Brennen. Durch die durchblutungsfördernde Wirkung des Ingwer wird das Lustempfinden zunächst einige Minuten gesteigert. Bei längerem Einsatz kann der Orgasmus bis zu dreißig Minuten hinausgezögert werden.

2.5 Cyber Domination

Eine weitere, aber völlig andere Form der Kontrolle ist die *Cyber Dominanz*. Diese steht für das Ausüben einer virtuellen Herrschaft durch den Einsatz technischer Mittel. So kann beispielsweise der Dom eine Nachricht mit einem Auftrag an seinen Sklaven senden. Dies kann per Anruf, SMS, WhatsApp, Chatroom, Skype, E-Mail oder auf anderen Kommunikationswegen erfolgen. Auch der Einsatz von Webcams zur Überwachung gehört dazu. Gerade in 24/7-Beziehungen hat der Dom so noch mehr Kontrolle über seinen Sub, wenn sich beide nicht physikalisch am gleichen Ort aufhalten.

2.6 Exhibitionismus – Voyeurismus

Das Schöne an BDSM ist die freie Entfaltung der persönlichen Vorlieben. Abgesehen vom Einhalten diverser Regeln zum Schutz des Einzelnen gibt es fast nichts, was es nicht gibt. Hauptsache, es macht Spaß und hinterlässt ein befriedigendes oder berauschendes Gefühl.

Um sich öffentlich in seiner Rolle zu produzieren, nackt oder auch während des sexuellen Aktes, sei es auf einer geschlossenen SM-Party oder einer auch für Publikum zugänglichen Straßenveranstaltung, bedarf es eines gewissen Exhibitionismus. Die Provokation, die der Exhibitionist bei anderen auslöst, führt bei ihm selbst zur sexuellen Befriedigung.

Falls Sie in diese Richtung denken, lassen Sie es langsam angehen. SM-Clubs oder -Partys sind das geeignete Umfeld, um erstmalig zu testen, ob Sie beide sich bei einer öffentlichen Zur-Schau-Stellung wohl fühlen. Natürlich kann dies ungeheuer aufregend und erregend sein. Muss es aber nicht. Vielleicht überwiegen plötzlich Schamgefühl oder sogar Angst bei Sub. Oder Eifersucht beim Dom, der es nicht ertragen kann, dass Subs Unterwürfigkeit oder Hilflosigkeit, beispielsweise in einer Bondageposition, von anderen ungeniert begafft wird. Ganz nach dem Motto: Meins!

Auch wenn Sie selbst nicht zu den Akteuren gehören, ist es denkbar, dass Sie grundsätzlichen Gefallen an BDSM finden. Vielleicht liegt Ihre persönliche Bestimmung ja darin, als Voyeur andere bei ihrem Tun zu beobachten und sich daran zu ergötzen. Jeder ist willkommen, der sich an Regeln hält und respektiert, was die anderen als kinky empfinden. Schauen JA, Anfassen NEIN.

2.7 Fetischismus

Zum Thema Fetischismus fällt uns eine allgemein gültige, etwas in die Jahre gekommene Redewendung ein: *Jedem Tierchen sein Plaisirchen.* Kennen Sie nicht? Macht nichts. Gemeint ist damit: Erlaubt ist, was gefällt, und jedem gefällt etwas anderes, insbesondere beim Thema Fetisch. Denn es gibt nicht nur den einen Fetisch, es gibt viele.

Was versteht man überhaupt unter einem Fetisch? – eine besondere Vorliebe.

Dies kann eine spezielle Kleidung sein, die Vorliebe für ein bestimmtes Material oder ein Symbol, das nach außen zeigt: *Schau her, ich bin ein SM'ler.*

Manche Fetische wie der sogenannte Ring der O (nach einem Accessoire aus dem Roman *Die Marquise von O)* als Fingerring oder an einem Lederhalsband angebracht, sind übliche Zeichen der BDSM-Zugehörigkeit und werden von Subs getragen. Andere Fetische können ganz persönliche und nur für den Dom erkennbare Symbole sein.

Befassen wir uns als Erstes mit üblichen, weit verbreiteten Fetischen.

Da ist zunächst einmal das Tragen von Lederkleidung. Nun werden Sie sagen, jaaa, die brauchen Motorradfahrer auch und im Übrigen ist Leder auch in der Gothicszene weit verbreitet. Ja klar, stimmt. Die Verwendung von Leder ist bei vielen beliebt und der Übergang von der Zweckkleidung zum Fetisch fließend. Wobei viel Haut und das Herausstellen des Sexappeals im BDSM-Bereich überwiegen.

Wenn es spezieller sein soll, wird in der Regel Latex als Material bevorzugt. Dies verfügt über ein entscheidendes Attribut: Es liegt besonders anschmiegsam am Körper an, beinahe wie eine zweite Haut. Ist es nicht reizvoll, wenn sich steile Nippel durch die enge Latexhaut abzeichnen? Noch enger und eher transparent kann nur noch eine Gummihülle sein, unter der man allerdings auch schneller ins

Schwitzen kommt.

In Sachen Bekleidung sind der Fantasie keine Grenzen gesetzt. Manche Vorlieben sind individuell, andere Teil eines Rollenspiels wie die Verkleidung als Arzt oder Krankenschwester, Pferd oder Hund, oder was auch immer. Doch lesen Sie dazu mehr unter der vergnüglichen Rubrik *Rollenspiele.*

Zu den eher individuellen Kleidungsstücken kann das Tragen von nur einer Schürze beim Kochen gehören – oder beim Rasenmähen. Stellen Sie sich vor, wie Sie als Herr oder Herrin bequem mit einem Fruchtcocktail im Liegestuhl auf der Terrasse fläzen, während Subbie halb nackt an Ihnen vorbei mit dem Rasenmäher flaniert, Busen und/oder Po reizvoll in Szene gesetzt ... Läuft Ihnen da nicht das Wasser im Munde zusammen?

Vielleicht ist aber eher ein kostbares Dessous wie eine schöne Korsage Ihr persönlicher Fetisch. Eng um die Taille geschnürt wie einst bei Sissy und Co kann ein Korsett nicht nur ein reizvoller Anblick sein, sondern auch der Bewegungskontrolle dienen.

Überlegen Sie dabei auch, ob die Brüste leicht bedeckt oder vollkommen für den permanenten Zugriff der Herrschaft entblößt sein sollen, um damit vollkommene Unterwerfung auszudrücken.

Eine Steigerung des Korsetts ist das *Kleid der O* aus dem Roman *Die Marquise von O.* Das korsagenartige Oberteil lässt den Busen frei. Das lange Unterkleid besteht aus vier einzelnen Stoffbahnen, die man nach oben Rollen und befestigen kann. Der Herrschaft ist es dadurch ermöglicht, jederzeit alle Körperbereiche seiner Sub zu entblößen und zu berühren. Eine für beide Partner reizvolle Ausgangslage.

Woher aber bekommen Sie ein solches Kleid?

Googeln Sie nach *Kleid* oder *Kleider der O*, dann werden Ihnen diverse Shops angezeigt, die solche Kleider in verschiedenen Farbkombinationen vertreiben. Sie müssen sich also nicht unbedingt für eine Spezialanfertigung eine Schneiderin suchen.

Ein Fetisch kann auch auf bestimmte Körperregionen begrenzt sein. Freunde des *Fußfetischismus* wissen es zu schätzen, wenn sie Füße berühren und liebkosen dürfen oder empfinden ihrerseits Erregung, wenn dies jemand bei ihnen macht. Da kann jeder einzelnen Zehe plötzlich eine Aufmerksamkeit zukommen, wie sie sonst nur Nippeln gilt.

Es ist wohl selbstverständlich, dass man seine Füße vor diesem Spiel waschen sollte.

Es gibt aber auch *Schuhfetischisten*, denen es nicht nur um den Fuß als solches geht, sondern auch um besonders schöne Schuhe, meistens solche mit besonders hohen Absätzen. Gerade im SM-Bereich werden extreme Varianten angeboten, mit fast senkrecht stehendem Fuß, geschnürt bis unter das Knie und waghalsig hohen Sohlen und Absätzen. Wie auch immer – mit High Heels jeglicher Art sollten Sie das Gehen üben, damit Sie sich sicher und ausdauernd bewegen, vor allem bevor Sie sich auf glattere Untergründe begeben oder die Schuhe eine ganze Nacht lang auf einer SM-Party tragen müssen.

Im weitesten Sinne kann man auch die Vorliebe für eine bestimmte BDSM-Aktion als Fetisch bezeichnen wie Spanking oder Bondage. Was halten Sie denn beispielsweise vom *Kitzeln* als Fetisch? In den USA ist Tickling (Kitzeln) weit verbreitet. Der Reiz besteht darin, den anderen zu kitzeln oder selbst gekitzelt zu werden. Innerhalb einer Session lässt sich Kitzeln beispielsweise als Folter in das Spiel integrieren.

Nun, wissen Sie jetzt schon, was Ihr persönlicher Fetisch ist?

2.8 Rollenspiele

Straf- und Erziehungsspiele, bei denen ein *Lehrer* seinem *Schüler* durch Züchtigung Benehmen beibringt, werden als *Englische Erziehung* bezeichnet. Jegliches Fehlverhalten wird bestraft. In der Regel erfolgt dies durch eine lustvolle Züchtigung, die *Flagellation.* Darunter versteht man eine intensive Rohrstockerziehung, aber auch Ruten oder andere Hilfsmittel kommen zum Einsatz, um insbesondere den Po ordentlich zu bestrafen. Dabei sind Striemen durchaus erwünscht. Bei der Flagellation handelt es sich übrigens um eine klassische Methode, die schon in früheren Jahrhunderten für eine lustvolle Bestrafung eingesetzt wurde.

Um das richtige Maß nicht zu überschreiten, kann man die Methode des *Kalibrierens* anwenden. (Dies gilt natürlich auch für andere BDSM-Spiele.) Dabei muss der Schüler nach jedem Schlag die Intensität des Schmerzes zwischen eins bis zehn einordnen. So weiß der Erzieher, ob Schläge noch härter ausfallen dürfen oder ob die persönliche Grenze seines Schützlings bereits erreicht ist.

Bevor wir mit der Beschreibung weiterer Praktiken fortfahren, möchten wir an dieser Stelle einmal ausdrücklich darauf hinweisen, dass wir niemanden auffordern, alles zu testen. Über Vorlieben lässt sich nicht urteilen oder streiten. Wenn Sie etwas als zu extrem oder gar eklig empfinden, sollten Sie es auch nicht ausprobieren!

Und es gibt bestimmt auch noch Praktiken, die wir übersehen oder für nicht relevant befunden und daher nicht in unser Buch aufgenommen haben.

Klistiersex oder *Klismaphilie* bezeichnet eine spezielle Form des Kliniksexes, bei der Darmspülungen im Fokus stehen. Wie bei allen Spielen muss der Spaß daran auf beiden Seiten vorhanden sein. Während Sie als Herrschaft eine gewisse Begeisterung für das Verabreichen und Zusehen haben, sollte die Erniedrigung, bis zu mehrere Liter Flüssigkeit in sich aufzunehmen und zu halten, dem passiven Partner sexuelle Erregung verschaffen.

Die Entleerung darf erst auf Erlaubnis des Doms stattfinden, so dass es sich hier vor allem um eine Form der Demütigung handelt.

Natürlich eignet sich ein Einlauf auch zur Vorbereitung analer

Praktiken, für die der Darm gereinigt und gedehnt sein sollte, wie *Rimming* oder *Analsex*.

Den Partner am Arschlecken – muss beileibe keine böse Drohung sein. Ganz im Gegenteil. Hier ist Lust im Spiel!

Rimming oder *Anilingus* beginnt mit dem genüsslichen Küssen und Knabbern an den Pobacken bis hin zum Auseinanderhalten derselben, um sich mit der Zunge von den Hoden bis zum Anus hochzulecken und freien Zugang auf die Rosette zu haben. Da sich im Bereich von Anus und Genitalien viele Schweißdrüsen befinden, die einen ganz eigenen, mit erotischen Lockstoffen versetzten Körpergeruch erzeugen, fahren manche Partner darauf besonders ab. Ist der Schließmuskel entspannt – und der Darm gesäubert, spricht nichts dagegen, dass Sie mit der Zunge bis ins Innere vordringen.

Doch zurück zum Anfertigen eines Einlaufs.

Verwendet wird für gewöhnlich handwarmes (nicht heißes!) Wasser, welches auch mit wohlriechenden Substanzen versetzt werden kann, solange keine Reizstoffe für den Darm enthalten sind. Diese Technik ist auch für Anfänger geeignet.

Soll die Darmentleerung eher zur Qual werden, wird kalte Flüssigkeit verwendet. Milch oder Joghurt sind ebenfalls geeignet, verursachen jedoch heftigen Durchfall.

Wird noch extremer gespielt, kann auch warmer Urin verwendet, meistens direkt in den geweiteten Anus gepinkelt werden.

Mit der Verwendung eines hohlen *Analplugs* können Sie sich an dieses Rollenspiel herantasten. Der Plug weitet den Anus und erlaubt gleichzeitig das Befüllen mit Flüssigkeit. Soll die Flüssigkeit länger gehalten werden, sind Analplugs mit Verschluss zu empfehlen.

Für geübtere Anwender eignen sich *Birnspritzen* oder *Irrigator-Pumpen.* Von der Wahl des Werkzeugs ist auch die Menge der Flüssigkeit abhängig, die auf einmal verabreicht werden kann.

Der *Birnball* ist einfach zu bedienen: mit warmem Wasser oder einer anderen Flüssigkeit füllen, die Spitze aufsetzen und vorsichtig in den

Anus einführen. Durch Druck auf den Ball wird die Flüssigkeit in den Darm hineingespritzt. Für eine gute Wirkung sollte man zehn bis fünfzehn Minuten warten, dann den Darm entleeren und den Vorgang gegebenenfalls wiederholen, bis nur noch annähernd klares Wasser entleert wird. Dies kann man auch selbst ausführen. Zuletzt den Birnball einfach mit heißem Wasser ausspülen und für den nächsten Einsatz trocknen lassen.

Die Bedienung des *Irrigators* ist eher dem aktiven Partner überlassen. Der Vorteil liegt in der größeren Flüssigkeitsmenge, die eingefüllt werden kann. Nach dem Befüllen wird der Schlauch angesteckt und der Irrigator zwischen 30 bis 100 cm oberhalb des passiven Partners gehalten oder an einer Vorrichtung aufgehängt (beispielsweise einem Haken an der Wand). Nach dem Öffnen des Verschlusshahns füllt sich der Schlauch, bis die Luft daraus entwichen ist. Nun kann der Schlauch in den Anus eingeführt und der Hahn geöffnet werden. Die Geschwindigkeit, mit der die Flüssigkeit einschießt, lässt sich durch Höher- oder Niedrigerhängen des Irrigators regeln. Ein zu schnelles Einschießen kann unangenehm sein und Bauchschmerzen verursachen.

Für *Zahnarztspiele* gibt es *Mundspreizer* und *Zungenzange*. So wird jegliche Gegenwehr oder Protest unterbunden und einer gründlichen Untersuchung oder Benutzung der Mundhöhle steht nichts im Wege.

Bei Gyn-Spielen sorgt ein sogenanntes *Vaginalspekulum* dafür, dass intime Einblicke gewährt sind. Vaginal oder anal einführen und das Gerät auf der gewünschten Öffnung mittels einer seitlichen Stellschraube fixieren. Die Kontrolle der jeweiligen Öffnung obliegt dann Herrn oder Frau Fetisch-Doktor.

Im Idealfall steht ein professioneller Untersuchungsstuhl zur Verfügung, auf dem Arme und Beine des Patienten für die ungestörte Untersuchung fixiert werden können.

Kliniksex kann auch mit *Fisting* kombiniert werden. Dabei werden mehrere Finger oder die Faust oder ein Analdildo in Faustform und

-größe im Anus des Sklaven eingeführt. Bevor der Faustfick stattfinden kann, muss allerdings der Anus durch langsame Analdehnung vorbereitet werden. Dazu kann man in mehreren Sitzungen immer dickere Buttplugs einsetzen, denn der Schließmuskel gibt nur langsam nach.

Für das eigentliche Fisting sollte der Sklave am besten mit einem Einlauf vorbereitet werden, damit es nicht mitten in der Session zu unangenehmem Stuhlgang kommt. Damit das Fisten selbst leicht vonstatten geht, kann die Herrschaft ihre Faust mit Gleitgel oder Ähnlichem geschmeidiger machen und Latexhandschuhe tragen.

Wichtig ist eine entspannte Atmosphäre sowie großes Vertrauen zwischen beiden Partnern, damit sich der Sklave beim Fisting nicht verspannt.

Bei dieser Technik wird die Prostata des Sklaven gereizt, so dass die sexuelle Erregung gesteigert wird. Die korrekte Anwendung kann überdies zur Bestrafung eingesetzt und auch ohne Orgasmus ein Samenerguss herbeigeführt werden. Dies wird als *Abmelken* oder *Entsamen* bezeichnet, und ist für den Sklaven natürlich besonders demütigend.

Ebenfalls in den Bereich von Kliniksex gehört das Verwenden eines *Dilator* zur Urethral-Stimulation. Der leicht gebogene oder gerade, bis zu 25 cm lange Stab aus medizinischem Aluminium wird vorsichtig in die Harnröhre eingeführt. Auf der Heizung oder mit dem Fön vorgewärmt, oder aber zuvor im Kühlschrank abgekühlt, je nach gewünschter Folter. Zudem werden leichte Stromreize zugegeben.

Da Dilatoren desinfiziert und nur unter Beachtung höchster Hygienevorschriften eingesetzt werden dürfen, um keine fiese Blasenentzündung hervorzurufen, handelt es sich hier um kein Spielzeug für Anfänger.

Wie bei vielen anderen Spielen ist es auch beim Urethral Play sehr wichtig, dass der *Patient* entspannt und ruhig liegt, um beim Hantieren mit dem Dilator innere Verletzungen zu vermeiden. Vorhandene Prostata- und andere Erkrankungen schließen diese Technik aus.

Aus der traditionellen chinesischen Medizin kommt das *Cupping*, für das Schröpfgläser, Becher, Tassen oder andere Hilfsmittel Verwendung finden. Mit Hilfe des beim Schröpfen entstehenden Unterdrucks wird im medizinischen Bereich versucht, verschiedene Formen von Schmerzen zu behandeln. Da die Haut aufgrund der besseren Durchblutung sensibilisiert wird, ergibt sich eine ideale Voraussetzung für Lustschmerz-Spiele.

In der Regel wird im BDSM-Bereich aber kein Schröpfglas eingesetzt, sondern sogenannte *Sucker* (engl. Suck = saugen). Somit sind auch weniger die klassischen Schröpfbereiche wie Nacken oder Rücken das Ziel der Behandlung, sondern die Intimzonen wie Brustwarzen oder auch die ganze Brust, die Klitoris, die Hoden oder wo es sonst noch Spaß macht. Dabei kann die geschröpfte Zone so sensibel werden, dass sich anschließend sogar ein harmloser Klaps schmerzhaft anfühlt.

Von dem Lateinischen Wort *fellare* für Saugen ist der Begriff *Felching* abgeleitet. Bezeichnet wird eine BDSM-Technik, bei der Sub das Ejakulat aus der Vagina oder dem Anus seiner Herrschaft saugt. Dabei kann es sich um den eigenen Samen, bei Gruppensex aber auch um den anderer, handeln. Ausgesaugt wird mit gespitzten Lippen oder einem gewöhnlichen Strohhalm.

Anstelle des Ejakulats kann aber auch jede andere Flüssigkeit, die für ein Einlaufspiel verwendet wurde, ausgesaugt werden. Mit der Verwendung von Alkohol als Einlaufflüssigkeit sollte man allerdings sehr vorsichtig sein, da Alkohol vom Darm sehr schnell absorbiert wird und so die Gefahr einer Alkoholvergiftung besteht!

Dass dieses Spiel nur bei entsprechender Analhygiene Spaß macht, dürfte klar sein.

Bei *Crushing* handelt es sich um eine besondere Form von Fußfetischspielen, bei denen der Dom die Macht hat, seinem Sklaven Gegenstände abzunehmen und diese mit den Füßen zu zertreten. Bevorzugt werden Gegenstände, die mit lautem Krachen zerbersten. Bei diesem Objekt-Crushing, oder auch beim Food-Crushing, also dem

Zertrampeln von Obst oder Gemüse, gibt sich der Sklave der Fantasie hin, dass er selbst unter den Füßen seines Doms liegt und zerdrückt wird. Das gibt es auch noch als Insekten-Crushing, bei dem also Insekten zertreten werden ... Letztere Spielart ist jedoch nicht nur moralisch zweifelhaft, sondern noch dazu gesetzeswidrig.

Eine spezielle Form des Crushing ist der *Butt-Crush*. Dabei zerdrückt die Herrschaft mit ihrem Gesäß Gegenstände oder sitzt auf ihrem Sklaven, unter Umständen sogar auf dem Gesicht, um den passiven Partner auf diese Art die Macht spüren zu lassen.

Im *Cuckolding* reizt die Ehefrau oder Partnerin als Cuckoldress ihren Ehesklaven oder Cuckold, indem sie – im Gegensatz zu ihm – jegliche erotische Freiheiten genießt und ihn damit demütigt. So muss der Cuckold ein erotisches Date der Cuckoldress als Diener vorbereiten, neue Erotikkleidung für sie einkaufen, darf im benachbarten Zimmer via Türspalt oder Live-Chat ihrem Liebesspiel mit dem anderen Mann zusehen. Sein eigenes Sexleben wird von der Herrschaft bestimmt, meistens auch mit einem Keuschheitsgürtel reglementiert. Wann und ob er kommen darf, unterliegt allein ihrem Willen.

Petplay

Üblicherweise nimmt beim Petplay der passive Partner die Rolle eines gezähmten oder dressierten Tieres ein wie Pony oder Hund, aber auch Schweinchen oder Häschen. Dafür gibt es eigens gefertigte Kleidungsstücke beispielsweise Stiefel mit steil aufgerichteten Fuß, geringer Lauffläche und aufgesetzten Hufen für das Ponyplay. Sieht toll aus, ist aber nicht einfach damit zu Laufen. Dann gehören dazu natürlich noch Knebel in Trensenform, oder komplettes Zaumzeug (Kopf-Harness) mit Scheuklappen, eventuell auch mit Federbusch wie bei Zirkuspferden und Buttplugs mit Pferdeschwanz. Beim Pony-Play nimmt der Dom außerdem die Zügel im wörtlichen Sinne in die Hand, um sein Pony zu führen oder zu dressieren, auch unter Einsatz einer Gerte.

Für das Dogplay findet man Masken in Form einer Hundeschnauze oder einen Maulkorb als Knebel, Halsband und Leine sowie Analplugs mit schmalem Hundeschwanz zum Wedeln und sogar Fress- und Wassernapf für ein möglichst reales Spiel. Für andere Tierdarstellungen gibt es einen Schweineringelschwanz oder einen Hasenschwanzplug für ein Bunny-Play.

Da im Vergleich zu echten Hunden (oder anderen Vierbeinern) gewisse biologische Unterschiede bestehen, sollten sich die Freizeittiere am besten auf Knieschonern bewegen. Handschuhe, die Hundepfoten nachempfunden sind, verhindern den Gebrauch der Hände auf menschliche Weise. Aber das ist ja auch nicht nötig, denn der Teilzeit-Vierbeiner soll natürlich aus dem Napf fressen. Nur wird dieser in der Regel mit leckerem Essen gefüllt, das auch Herrchen oder Frauchen zu sich nimmt, nicht mit Hundefutter. Besonders geeignet ist dabei kleingeschnittenes Fleisch wie Putengeschnetzeltes oder Hackfleisch Bolognese.

Der Fantasie sind jedenfalls kaum Grenzen gesetzt. Für das Outdoor-Spiel beim Ponyplay gibt es sogar Sulkys, vor die der Dom sein Pony spannen kann. Immer vorausgesetzt, dieses verfügt über die nötige körperliche Kondition.

Menschliche Verhaltensweisen können beim Petplay für eine bestimmte Zeit abgelegt und andere Verhaltensweisen ausgelebt werden. Dabei geht es auch darum, als devoter Partner ohne Sprache auszukommen.

Emergency Room, Notaufnahme

Auch wenn Sie glauben, Sie haben alle Maßnahmen für ein sicheres einvernehmliches Spiel ergriffen, kann es zu einer Notsituation kommen.

Spätestens wenn Taubheitsgefühle oder Bewusstlosigkeit auftreten, ist es Zeit für eine Fahrt in die Notaufnahme. Wichtig: bleiben Sie bei der Wahrheit. Je authentischer die Story klingt, die Sie den Ärzten in der Notaufnahme erzählen, desto besser können diese beurteilen, was geschehen ist. Denken Sie nicht darüber nach, ob die Ärzte Sie für Ihr

Spiel verurteilen. Denn zum einen ist es wichtig festzustellen, ob innere Blutungen vorliegen können oder das Trauma eines abgequetschten Nervs für die Beschwerden ursächlich ist. Zum anderen müssen die Ärzte einen Missbrauch ausschließen können.

Damit es erst gar nicht dazu kommt, denken Sie bei allen Ihren Aktivitäten immer daran, was im Vordergrund stehen muss: Safe, sane and consensual!

Anregungen, wie Sie verschiedene Rollenspiele am besten auf- und ausbauen, finden Sie in Kapitel 6.

2.9 Spiele spezial: Würgespiele

Mit unserem nächsten Thema begeben wir uns in ein Spezialgebiet, das an Risiken nicht zu unterschätzen ist. Bevor wir uns den einzelnen Praktiken widmen, möchten wir gleich im Voraus betonen, dass es dadurch jedes Jahr zu Todesfällen kommt. Es ist also zweifelhaft, ob Würgespiele noch unter *safe, sane and consensual* verbucht werden können.

Fühlen Sie sich bitte nicht schlauer als andere, sondern seien Sie hundertmal vorsichtiger, falls es Ihnen zu solchen Spielen gelüstet!

Beim *Ohnmachts- oder Würgespiel* wird bewusst die Atmung des passiven Partners erschwert oder ganz unterbunden und dadurch eine Ohnmacht herbeigeführt. Dies kann durch Zuhalten von Mund und Nase, Abdrücken der Halsschlagader, Strangulation oder andere Maßnahmen geschehen. Angefeuchteter Stoff, Plastiktüten oder Latexmasken aus dem BDSM-Shop sind ebenfalls Mittel zum Zweck.

Auch durch eine eng geschnürte Korsage, ein strenges Bondage um den Brustbereich oder andere, enge Fixierungen kann die Atmung eingeschränkt werden, wobei die Möglichkeit eines schnellen Lösens immer eingeplant sein muss.

Beim Würgen oder Drosseln wird nicht nur die Atmung genommen, sondern auch die Blutzufuhr zum Gehirn eingeschränkt, was bleibende Schäden verursachen kann. Ähnlich verhält es sich beim Untertauchen in Wasser oder zu häufiges und tiefes Einatmen von Gasen.

Was geht dabei im Körper vor? Bei eingeschränkter Atmung erfolgt eine Unterversorgung des Blutes mit Sauerstoff. Gleichzeitig wird der Kohlendioxidgehalt im Blut erhöht und vermehrt Adrenalin ausgeschüttet. Dadurch kann beim Aufwachen aus der Ohnmacht ein euphorisches Gefühl hervorgerufen werden. Genauso gut kann es aber auch zu Panikattacken kommen.

Unerlässlich ist daher in jedem Fall eine umsichtige Vorbereitung mit Abklärung gesundheitlicher Risiken und der Bereithaltung von Telefonnummern für den Notfall.

3. Das Selbst

Per Definition ist das „Selbst“ ein Begriff, der meist uneinheitlich gebraucht wird und verschiedene philosophische, psychologische, soziologische, theologische und pädagogische Bedeutungen aufweist. Oder um es mit Wikipedia zu sagen: „Im Sinn der Selbstbeobachtung, also in Bezug auf die Empfindung, ein einheitliches, konsistent fühlendes, denkendes und handelndes Wesen zu sein, dient der Begriff ‚Selbst‘ zur Reflexion, Verstärkung und Betonung des Begriffs ‚Ich‘. Das Selbst wird verwendet im Sinne des Zentrums der Persönlichkeit.“ (Brockhaus Psychologie, Mannheim, S. 541)

Weiter bietet der „Brockhaus Psychologie“ eine große Zahl von Begriffen, die mit dem Wort Selbst gebildet sind.

Wir beschränken uns hier auf eine kleine, feine Auswahl, die hauptsächlich auf – wie könnte es in diesem Buch anders sein? - Erotik beschränkt ist.

Trotzdem muss an dieser Stelle erwähnt werden, dass das Selbstkonzept ein Prozess ist, der nie wirklich abgeschlossen sein kann. Er setzt sich nicht nur aus konkreten Eigenschaften (z.B. Alter, Geschlecht) zusammen, sondern auch aus abstrakten Konstrukten, Gedanken und Gefühlen, sozialen Rollen, Einstellungen und Bewertungen.

Diese Informationsquellen über sich selbst findet das „Selbst“
in der Selbstbeobachtung
in der Selbstbewertung
in den Äußerungen seiner Mitmenschen
in der Deutung der Reaktionen seiner Mitmenschen
im Vergleich zu seinen Mitmenschen

(M. Amelang u. a.: *Differentielle Psychologie und Persönlichkeitsforschung*. 6. Auflage. Kohlhammer, Stuttgart 2006, S. 405 ff.)

3.1 Selbstbefriedigung

Viele Menschen stehen ihrer eigenen Sexualität und ihrem eigenen Körper mit gemischten bis negativen Gefühlen gegenüber. Das mag daran liegen, dass uns Filme und gerade auch die Werbung suggerieren: Andere Menschen und ihre Körper sind perfekt – wir aber nicht!

Ignorieren Sie alles, was Sie bis dahin in diese Richtung gehört haben. Sie sind gut so, wie Sie sind!

Das meine ich absolut ehrlich. Jeder von uns ist einzigartig und auf seine Art faszinierend. Nicht jeder Mensch kann perfekt sein, oder wunderschön, aber jeder von uns kann faszinierend sein!

Der zweite Punkt, an denen viele Menschen (und gerade Frauen) scheitern, ist das „Sich fallen lassen". Statt einfach zu genießen, wenn es sich der Spielpartner zwischen den Beinen gemütlich macht, denken viele daran, was der andere wohl gerade sieht, schmeckt oder denkt. Das sind vollkommen normale Fragen, die sich gerade auch am Anfang einer sexuellen Beziehung in die Gedanken schleichen können. Trotzdem sollten uns diese Gedanken nicht davon abhalten, zu genießen. Wenn es den anderen nicht ebenfalls erregen würde, wäre er nicht in die südlichen Gefilde abgetaucht. Und wenn Sie die Grundregeln der allgemeinen Sauberkeit beherrschen (wovon ich jetzt einfach mal ausgehe), müssen Sie sich um den Rest schlichtweg keine Sorgen machen! Zeigen Sie stattdessen dem Partner einfach, was Sie empfinden, was Sie besonders mögen, was nicht so, was beinahe schmerzhaft schön ist, was einfach nur schmerzhaft ist. Gar nicht so leicht, oder?

Denn viele Menschen kennen ihren eigenen Körper gar nicht. Weder die Erregungszonen, noch den Erregungsatlas mit allen Höhen und Tiefen. Apropos: Wissen Sie eigentlich, wie Ihr Geschlechtsteil aussieht und wie Sie selbst schmecken?

An dieser Stelle wird es Zeit für einige Übungen, auch wenn Ihnen diese vielleicht seltsam oder albern vorkommen, im besten Falle helfen sie, im Schlechtesten haben Sie etwas, worüber Sie lachen können:

Zeichnen Sie einen Körper (ja, es darf auch ein besseres Strichmännchen, - fräulein sein) und tragen Sie auf dem Ihre Erregungszonen ein. Markieren Sie die eingezeichneten Stellen mit Zahlen von 1 (Berührung existiert) bis 10 (Woha!) und legen Sie den Zettel zur Seite.

Zeichnen Sie einen zweiten Körper. Jetzt ziehen Sie sich aus und berühren Sie sich selbst. Kreisen Sie mit den Fingerspitzen über Ihre Haut, kratzen Sie mit Ihren Nägeln und geben Sie auch ein wenig Druck hinzu. Schließen Sie dabei die Augen. Tragen Sie noch einmal die Zahlen von 1 bis 10 ein.

Wenn Sie jetzt schon mutig genug sind, bitten Sie Ihren Partner darum, den „Erforschungs-Part“ zu übernehmen. Damit schlagen Sie gleich zwei Fliegen mit einer Klappe, denn nur die wenigsten von uns bekommen genug Streicheleinheiten und Massagen, so dass Sie hier noch ganz nebenbei eine wunderbare Kuschel-Session abzocken können :-)

Auch danach tragen Sie die Zahlen von 1 bis 10 ein.

Na? Hat sich etwas verändert oder lagen Sie von Anfang an richtig? Ich für meinen Teil habe meinen Nacken nie als erogene Zone empfunden und auch beim Hals lag ich definitiv falsch. Aber anscheinend habe ich zu viele Vampirfilme gesehen und stehe auf alles, was in Richtung dieser Körperstelle geht – außer auf die Ohren. Ohren sind bei mir böse!

Aber genug von den Ohren, wenden wir uns den primären

Geschlechtsteilen zu: Die meisten Männer haben den Vorteil, dass sie ihren Penis kennen. Von oben, von unten, im schlaffen aber auch im erigierten Zustand. Frauen mit ihrem nach innen gerichteten Lustorgan haben hier schon ein Handycap, denn wer setzt sich schon auf einen kleinen Spiegel?

Genau! Sie! Jetzt! Und erzählen Sie mir nicht, Sie hätten keinen, das glaube ich Ihnen nicht!

Ziehen Sie sich den Schlüppi runter und gucken Sie sich im Klappspiegel an, was da zwischen Ihren Beinen für Aufruhr sorgt (oder auch nicht). Schauen Sie es sich nicht an, als sei es ein schrecklicher Fremdkörper, sondern betrachten Sie es mit den Augen eines Fremden, eines Ästheten. Wie sehen die äußeren Schamlippen aus? Wie die inneren? Finden Sie Ihre Klitoris?

Okay, das war der vielleicht seltsame Teil.

Jetzt kommen wir wieder zu den Berührungen: Legen Sie sich nackt auf Ihr Bett, winkeln Sie Ihre Beine an und stellen Sie die Füße auf. Wiederholen Sie die Übung 2 und lassen Sie Ihre Hand dann weiterwandern, zwischen Ihre Beine. Berühren Sie Ihr Geschlechtsteil. Umschließen Sie es oder lassen Sie Ihre Finger hineingleiten (je nachdem, was Sie dort vorfinden :-).

Seien Sie offen für die Empfindungen. Egal, was Ihnen in Ihrer Kindheit oder von Ihrer Religion erzählt wurde, es ist nichts Schlimmes daran, sich dort zu berühren. Diese Körperstelle gehört zum Rest dazu und Sie müssen schließlich wissen, wie Sie diesen Teil bedienen können. Sie haben doch auch Laufen gelernt, oder? Werfen, Schreiben, Tippen … wieso dann nicht auch, wie man sich selbst erkundet und wie man sich selbst Befriedigung verschafft?

Die letzte Übung ist sozusagen die Abschlussprüfung und die wird sicher jeden Partner heiß machen, egal ob er auf SM steht oder auf Vanilla – denn Ihr Partner steht auf Sie und nichts ist heißer als zuzusehen, wie der andere erregt ist!

Befriedigen Sie sich selbst, während Ihr Spielpartner zusehen darf.

Konzentrieren Sie sich dabei erst einmal auf sich selbst, berühren Sie sich, genießen Sie und wenn Sie sich anschließend besonders mutig fühlen, sehen Sie Ihren Partner dabei an. Lassen Sie Ihn wissen, dass Sie dabei an Ihn denken, an seine Finger, Hände, Lippen und daran, wie es wäre, es jetzt nicht allein zu tun, sondern mit ihm. Und wer weiß? Vielleicht will Ihr Zuschauer ja doch noch mitspielen?

3.2 Selbstwahrnehmung

Die Selbstwahrnehmung ist die Grundlage für die Selbstbewertung und die Einschätzung der eigenen Person. Weiter ist sie auch die Basis für das Bewusstsein und das Selbstbewusstsein.

Zur Selbstwahrnehmung gehört die Wahrnehmung des eigenen Körpers, der eigenen Gefühle, Eigenschaften und Emotionen sowie die persönliche Ausstrahlung wahrzunehmen und die Wirkung dieser Teilaspekte des Selbst auf andere einzuschätzen.

Der Gegenbegriff zur Selbstwahrnehmung ist die *Fremdwahrnehmung*. Wie wird man durch andere Personen wahrgenommen.

So gut wie alles in unserem Leben fließt in den stets laufenden Prozess der Selbstwahrnehmung ein. Sei es unser Körperschema oder das Körperbild, die Reaktionen anderer Menschen auf uns oder das was wir sagen, tun oder tragen.

Unser eigenes Selbstbild hängt von dieser Selbstwahrnehmung ab, denn es wird aus der Summe der Selbstwahrnehmungen und der Fremdwahrnehmungen gebildet.

Aber nicht immer stimmen Selbstwahrnehmung und Fremdwahrnehmung miteinander überein, so dass eines von beiden angepasst werden muss. Hinterfragen Sie dabei stets beides und zur Not versuchen Sie sich bei Ihrem Gegenüber durch Fragen rückzuversichern. Nicht, dass Sie etwas falsch interpretiert haben.

Haben Sie nicht?

Dann ist es Zeit, die Selbstwahrnehmung ein wenig genauer unter die Lupe zu nehmen. Hier müssen Sie ehrlich zu sich selbst sein, denn sonst gehen Sie von einem Ergebnis aus, welches nicht stimmt – was Sie dann in der nächsten Zeit negativ beeinflussen kann.

Hinterfragen Sie nicht nur Ihre Optik! Ich weiß, die meisten Menschen machen sich an Äußerlichkeiten fest, an Kleidung, Haaren oder Figur. Aber zur Außenwirkung gehört viel mehr. Zum Beispiel die Körperhaltung, die Körperspannung, ihre Gesten und die Mimik. Oft halten wir uns für dicker, dünner, unattraktiver als wir es eigentlich sind – etwas, was auf falsche Selbstwahrnehmung zurückzuführen ist.

Gerade beim BDSM ist aber eine richtige Selbstwahrnehmung wichtig, auch um Grenzen abschätzen und Regeln aufstellen zu können. Und zwar sowohl für den dominanten als auch für den devoten Partner, da sie jeweils die Verantwortung für den anderen tragen.

Mangelnde Selbstwahrnehmung hat etwas damit zu tun, dass wir ständig abgelenkt und unfokussiert sind. Wir sind geistig irgendwo, beschäftigt mit Alltagssorgen, in unseren Träumen oder weit weg vom Hier und Jetzt.

Beim SM hingegen konzentrieren wir uns auf den Moment und auf den Menschen, mit dem wir zusammen sind. Das ist ein unschätzbarer Vorteil!

Trotzdem können Sie sich auch allein Zeit für sich und Ihre Selbstwahrnehmung nehmen – sollten Sie sogar!

Suchen Sie sich dafür einen ruhigen Ort, an dem Sie es warm und bequem haben und an dem Sie einmal eine Stunde einfach nur ungestört sein können. Schließen Sie die Augen und konzentrieren Sie sich einfach für sich und gehen geistig eine Liste durch, die Sie sich schon vorher überlegt haben:

Wer sind die wichtigsten Menschen in meinem Leben?

Wer davon gehört in den privaten Bereich, wer in den beruflichen und wer in mein Bett?

Was will ich von diesen Menschen? Was wollen Sie von mir? Was sehen Sie in mir?

Welche Fähigkeiten habe ich? Welche will ich haben?

Was möchte ich erleben?

Wie stelle ich mir dieses Erleben vor?

Was habe ich erlebt?

Wie war das? / Wie habe ich das empfunden?

Was brauche ich unbedingt für eine erfüllte Beziehung?

Was brauche ich für eine erfüllte SM-Beziehung?

Was sind meine Überzeugungen und Regeln?

Was ist mir wichtig?

Welche Rollen habe ich? (Privat, beruflich, in der Erotik?)

Diese Liste lässt sich beliebig abändern und stellt erst einmal nur eine Anregung und eine Gedankenstütze dar, um auszuloten, was einem im Leben und in der Erotik wirklich wichtig ist.

PS. Am besten Sie notieren die Antworten in ein Heft. Ich selbst führe gerne ein SM-Notizbuch, kann mir an dieser Stelle aber auch ein schönes erotisches Tagebuch vorstellen, das auch bei Aufgaben oder Strafen zum Einsatz kommt.

3.3 Selbstliebe

Ich höre oft von Lesern (hauptsächlich Laien und/oder Menschen, die so gut wie noch nie Kontakt zum SM hatten), dass Sadomasochismus etwas mit Trauma-Bewältigung zu tun hat, damit etwas aufzuarbeiten. Genauso häufig höre ich von Missbrauch, emotionalem Missbrauch, davon, dass dominante oder devote Leute entweder „Täter" oder „Opfer sind".

Oft wird eine SM-Beziehung mit dem Stockholm-Syndrom verglichen, da Studien beweisen, dass emotionaler Missbrauch abwechselnd mit kleinen Gesten der Freundlichkeit die Opfer sogar stärker als eine gleichbleibend gute Behandlung an die Täter binden kann.

An dieser Stelle einmal schonungsloser Klartext: SM hat nichts mit Missbrauch zu tun und ebenso wenig mit dem Stockholm-Syndrom! Ich kann mir nicht einmal erklären, wie man überhaupt annähernd auf solche Ideen kommen kann!

Da verstehe ich schon eher die Idee mit der Trauma-Bewältigung oder der Aufarbeitung, obwohl ich persönlich auch hier eher sehe, dass das Ausnahmen sind. In der Regel sind BDSM'ler ganz normale Menschen. Natürlich gibt es noch keine anerkannte Definition, was SM-Verhalten oder die -Ausrichtung ausmacht, aber die Personen, die sich im Bereich des SM tummeln, haben sich nicht ganz umsonst den Slogan: Safe, Sane, Consensual auf die Flagge geschrieben!

Generell sei hier einmal kurz notiert, dass die meisten Theoretiker, die sich mit sexuellem Verhalten und sexuellen Neigungen befassen, SM schlichtweg ignorieren. Was auch damit zusammenhängen kann, dass es beim SM genauso viele Spielarten gibt, wie bei „normalen“ Vanilla-Beziehungen. Es gibt beim SM feste Partnerschaften die 24/7 leben, solche, die nur ab und zu SM praktizieren, die nur bestimmte Unterformen des SM praktizieren, es gibt Vanilla-Paare, die Rollenspiele mögen oder ab und an Fesseln benutzen. Eine Grenze zu setzen, fällt da schwer.

Im Allgemeinen glauben SM’ler nicht (mehr), dass ihre Neigung ein Problem darstellt. Natürlich können durch den Hang zu Dominanz oder Unterwerfung Probleme entstehen, genau wie SM-Anhänger psychologische Probleme haben können – wie eben alle Menschen, egal welcher Orientierung.

Übergreifend ist zu sagen, dass SM, wenn auch nicht unbedingt unter dieser Bezeichnung, in jeder Kultur und jeder Epoche der Menschheit vorkommt oder vorgekommen ist. Das genannte Verhalten ist somit transhistorisch und kulturübergreifend und – als persönliche Schlussfolgerung – damit vermutlich angeboren.

Kurzer Exkurs

Selbst heute, in der aufgeklärten Welt nach „Shades of Grey“ haben viele SM-Anhänger immer noch mit Vorurteilen und Ängsten zu kämpfen. Hier ein kleiner Auszug aus den Fragen, die häufig gestellt werden (und die passenden Antworten):

Bin ich normal?

Eine einfache Frage, die aber gerade Menschen, die beginnen, ihre erotischen Wünsche zu erforschen, beschäftigt. Davon bleibt niemand, weder „Vanillas“ noch SM’ler, ja selbst die kleinen Psychopathen von morgen, verschont. Aber heutzutage ist es leicht, einige Suchbegriffe im Computer einzugeben und die Antwort zu finden: „Ja, ich bin normal.“ „Es gibt viele Menschen wie mich.“ „Nein, SM ist nicht pathologisch und ich werde kein gemeingefährlicher Triebtäter.“

Sind meine Wünsche normal?

Siehe Frage 1. So gut wie alle Wünsche sind normal und wie heißt es so schön? „Für jeden Topf gibt es einen Deckel."

Muss ich diesen SM-Drang verspüren oder kann man das beseitigen/umswitchen?

Es ist schade, dass diese Frage überhaupt gestellt wird. Sicher ist es einfacher, mit einer Vanilla-Neigung zu leben und auch die Zielgruppe, innerhalb der man einen Partner fürs Leben suchen kann, ist größer. Aber gerade in der heutigen „After-Shades-of-Grey"-Zeit kann man sich doch voller Vorfreude auf die Erkundigung der eigenen Wünsche stürzen?!

Was ist, wenn ich mich nicht traue, zu meiner SM-Neigung zu stehen?

Die Welt wird sich verfinstern, es wird anfangen zu regnen, die Sterne werden auf die Erde stürzen und … Nein, natürlich nicht. Spaß bei Seite. Nichts wird passieren. Außer vielleicht, dass Sie unglücklich und unzufrieden sind. Manchmal werden Sie die Ursache zuordnen können, manchmal nicht. Generell ist Verdrängung nicht ratsam. Trotzdem können Sie sich alle Zeit der Welt nehmen, um sich über Ihre Neigungen, Wünsche und Träume klar zu werden. Und vielleicht kann Ihnen dieses Buch ja ein wenig helfen?

Was ist, wenn ich keinen Partner finde?

Eine Frage, die sich ebenfalls jeder stellt. Klar ist es schwer, jemanden zu finden, der zu einem passt und der einen auf Dauer erträgt. Aber das geht uns allen so!

Wenn Sie allerdings wirklich das Gefühl haben, es liegt an Ihnen, hinterfragen Sie sich und Ihr Selbstbild, Ihre Erwartungen und Ihre Umsetzungsfähigkeit von Träumen in die Realität. Manchmal findet man hier schon eine einfache Lösung. Allen anderen empfehle ich an dieser Stelle ein Gespräch mit engen Freunden und ggf. auch mit einem professionellen Helfer, um soziale Kompetenzen und erotische Fähigkeiten zu vertiefen.

Kann SM meine Partnerschaft zerstören?

Ja, aber das können Fremdgehen und Lieblosigkeit ebenfalls!

Meist haben Probleme in der Partnerschaft ganz andere Ursachen, als die SM-Neigung des einen oder beider Partner. Wenn Sie wirklich glauben, es handele sich um eine SM-bezogene Ursache, sprechen Sie mit Freunden aus der Szene. Ansonsten empfehle ich das Aufsuchen eines fähigen (Paar)Therapeuten, der sich in dem Bereich auskennt.

Ist das Gewalt, Missbrauch oder noch SM?

Lassen Sie mich an dieser Stelle mit einer Gegenfrage antworten: Wie würden Sie reagieren, wenn Ihr Spielpartner das Spiel oder den Akt nicht genießt, das Safeword sagt oder sich gar zu wehren beginnt? Würden Sie abbrechen oder würden Sie weitermachen und wären Sie weiterhin erregt?

(Wenn Sie an dieser Stelle mit „weitermachen" antworten, beenden Sie bitte unauffällig die Lektüre an dieser Stelle und schlagen das Strafgesetzbuch auf.)

Und jetzt umgekehrt: Welche Wirkung hätte es auf Sie, wenn Ihr Gegenüber beim Sex erregt ist?

Sie sind ebenfalls erregt? Gut! Hat die Erregung Ihres Gegenübers einen negativen Effekt auf Sie oder tangiert Sie nur peripher, dann begeben Sie sich bitte in psychologische Betreuung. Denn genau hier liegt der Unterschied zwischen SM und einem klinischen Soziopathen.

Muss ich jetzt ein Doppelleben führen?

Diese Frage ist schwer zu beantworten, die meisten SM-Anhänger können mit ihrer Neigung genauso offen umgehen wie jeder andere Mensch mit seiner Sexualität.

Aber selbstverständlich gibt es auch heute noch Diskriminierung von SM-Anhängern (wie von jeder Minderheit) und es gibt generell häufig die Diskrepanz zwischen Wunsch und Realität. Wenn Sie zum Beispiel gerne SM 24/7 leben möchten, es Ihr Beruf und/oder Ihr Lebensstil nicht zulässt, müssen Sie abwägen, was Ihnen wichtig ist (siehe Kapitel „Selbstwahrnehmung“) und ob es eventuell eine andere Lösung oder einen Kompromiss zwischen Wunsch und Realität gibt.

3.4 Selbstdarstellung

Die Selbstdarstellung von Dom und Sub variiert je nach Stil und Anlass, denn genau wie bei allen Rollen, die wir im Leben einnehmen, muss man hier unterscheiden: Bin ich im privaten Bereich unterwegs, in einem Club, auf einer Feier. Will ich mich abgrenzen, dazugehören, oder hat mein Umfeld gerade so gar nichts mit SM zu tun.

Selbstverständlich kann ich auch in T-Shirt und Boxershorts dominant sein und mit meinem Sub spielen. (Meiner persönlichen Meinung nach macht das doch einiges vom Flair kaputt.) Aber natürlich gilt: Was auch immer erotisch beiden gefällt, darf getragen werden, notfalls ist man halt nackt, damit macht man selten etwas falsch :-)

Doch für die meisten Anlässe will man sich ja stilecht kleiden. Das ist meistens schwarz und die Outfits bestehen meist aus Lack, Leder oder Latex. Diese Kleidungswahl grenzt den SM-Anhänger von den meisten anderen Menschen ab. Aber sie hilft auch dabei, Dom und Sub zu unterscheiden.

Denn während ein Dom eher hochgeschlossene Kleidung zeigt, häufig mit einem „aggressiven“ Touch oder militärisch angehaucht, trägt ein Sub meist wenig Kleidung oder Anziehsachen, die sich leicht ausziehen lassen. Ebenso oft gestattet das Outfit des Sub auch einen vereinfachten Zugang zu primären und sekundären Geschlechtsteilen.

Auch die Accessoires dienen in SM-Kreisen häufig der Zuordnung. Als Erkennungszeichen unter Gleichgesinnten dient häufig „der Ring der O“ oder eine „Triskele“ (ein Symbol in Form von drei symmetrisch zur Mitte angeordneten offenen Spiralen). Das Halsband kennzeichnet einen Sub, eine Gerte und eine Leine ist beim Dom zu finden. Aber auch hier sind der Fantasie keine Grenzen gesetzt.

Merke: Die Kleidung ist gut für den ersten Hingucker, zur Abgrenzung und zur klaren Rollenverteilung.

3.5 Selbstpositionierung

Im SM gibt es Rituale, Regeln, aber auch sogenannte Grundpositionen. Allerdings lebt nicht jeder SM-Anhänger alle Rituale, Regeln oder Grundpositionen aus. Es gibt hier zahlreiche Varianten, gerade auch in der Bezeichnung oder den persönlichen Vorlieben, die in den Positionen in verschiedenen Ausprägungen zum Vorschein kommen können.

Im Klassiker „Die Geschichte der O“ aber auch in Jon Normanns Romanzyklus über Gor (eine fiktive Welt, in der Männer herrschen) werden verschiedene Körperpositionen beschrieben, die die Grundlage für die Grundpositionen im BDSM sind.

Vor einem Zusammenspiel, das von diesen Positionen lebt, sollte man kurz abgleichen, ob man bei demselben Wort auch dieselben Dinge meint, denn jeder Dom hat seinen eigenen Geschmack.

Im Grunde lassen sich aber einige „Standardpositionen“ festmachen:

1. Stehen

Die Hauptposition. Die Füße sind etwa 50-60 Zentimeter auseinander, der Oberkörper ist gerade, der Kopf gesenkt, der Blick auf den Boden gerichtet. Mit den Armen im Nacken verschränkt, wartet der Sub so auf weitere Befehle.

2. Steh bequem / Steh im Pausenstellung
Wie Position 1, doch die Arme befinden sich auf dem Rücken (knapp über dem Po), die rechte Hand umfasst das linke Handgelenk.
Diese Position ist besonders für längeres Warten geeignet.

3. Steh gebückt
Wie Position 1, doch der Oberkörper ist nach unten gebückt, die Hände umfassen im Stehen die Knöchel.
Diese Position ist ideal für Untersuchungen oder kurze Bestrafungen. Dazu können die Hände auch auf dem Boden (oder an der Wand oder einer festen Erhöhung) abgestützt werden.

4. Hocken
Der Sub hockt sich zu Boden, die Knie am Boden, die Beine leicht (30-40 cm) gespreizt, der Hintern eine Handbreit über dem Boden. Die Hände liegen auf den Oberschenkeln, die Handflächen sind nach oben gerichtet. Der Oberkörper ist gerade, der Kopf gesenkt, der Blick ist auf den Boden gerichtet.

Vorsicht: Diese Position ist schwer zu halten und nur zu schnell können dem Sub die Beine (oder Füße) einschlafen.

5. Knien
Wie bei 4, aber Po gesenkt, die Hände sind im Nacken, die Finger verschränkt.

Diese Position ist für längeres Warten geeignet, auch wenn die Arme rasch schwer werden können.

6. Sitz
Der Sub sitzt auf seinen Hacken, die Beine weit gespreizt. Rücken und Schultern sind gerade, die Hände ruhen mit den Handflächen nach oben auf den Oberschenkeln. Der Kopf ist gerade, aber der Blick gesenkt.

Standardposition, wenn der Sub länger warten muss und dabei sitzen darf.

7. Auf allen Vieren
Der Sub kniet auf allen Vieren, Knie und Ellbogen auf dem Boden, der Blick ist nach unten gerichtet, zwischen die auf dem Boden ruhenden Hände.

8. (böser) Hund/Strafe
Wie Position 7, aber der Sub „verschiebt" seine Haltung: die Beine sind weit gespreizt, Brust und Schultern liegen auf dem Fußboden auf, die Arme sind über dem Kopf gekreuzt oder nach vorne ausgestreckt.

Diese Position ist ideal für die Züchtigung mit einem Schlaginstrument, da sowohl Po als auch Rücken frei zugänglich sind.

9. Sklavenkuss / Platz
Der Sub geht auf alle Viere, die Ellbogen und Knie sind weit gespreizt und auf dem Boden, der Oberkörper ist tief (fast auf dem Untergrund), der Po nach oben gereckt. Der Blick ruht auf den Boden, der nur wenige Zentimeter weit entfernt ist.

Auch diese Position ist sehr gut für eine Züchtigung geeignet, bietet aber mehr Spielraum für sexuelle Zugriffe.

10. Lieg
Hier gibt es zwei Varianten, da man auf dem Rücken oder auf dem Bauch liegen kann. In beiden Fällen sind die Beine, soweit es geht, gespreizt.
Beim Liegen auf dem Rücken werden die Hände hinter den Kopf gelegt, der Blick ist nach oben gerichtet. Beim Liegen auf dem Bauch liegen die Hände unter der Stirn, der Blick ist nach unten gerichtet.

Beides ist die Standardposition, wenn der Sub liegen soll.

3.6 Selbstaufgabe vs. Selbstbestimmung

Selbstaufgabe hat immer etwas mit „sich fallen lassen" und mit Vertrauen in den anderen zu tun – und tatsächlich dadurch auch mit Vertrauen in sich selbst, denn ohne dieses Vertrauen kann man sich nicht ohne Furcht in anderer Leute Hände begeben.

Der Sub begibt sich in die Hände des Dom, darauf vertrauend, dass dieser genau weiß, *was* der Sub braucht und *wie* er es braucht.

Selbstbestimmung hat immer etwas mit Vertrauen in die eigenen Fähigkeiten zu tun, in die Qualifikation Grenzen einzuhalten und Entscheidungen zu treffen. So wie sich der Sub freiwillig und aufgrund der Fähigkeit zur Selbstbestimmung in die Hände des Doms begibt, um sich selbst aufzugeben, so übernimmt der Dom im gleichen Maße dieses Selbstbestimmungsrecht für seinen Sub.

Die Ausprägungen dieser Selbstaufgabe sind von Paar zu Paar unterschiedlich und manchmal auch nur auf ein Spiel begrenzt. Genau wie es die 24/7 Beziehungen gibt, in der der Dom alle Entscheidungen übernimmt, gibt es Rollenspiele und kurzfristige Sessions.

Leider gibt es keine seriösen Statistiken darüber, in welchem Verhältnis diese Rollenverteilung stattfindet und in welcher Ausprägung. Und so will es die Legende, dass besonders häufig erfolgreiche, mächtige Menschen devot sind.

Eine andere Legende behauptet, dass Frauen häufiger devot sind, als Männer, weil dies ihrem Naturell entspräche.

Aber ich persönlich habe nicht die Erfahrung gemacht, dass sich Erfolgstypen generell demütigen lassen, während frustrierte Männer zu ihrem kleinen Frauchen nach Hause gehen, um dort den großen Meister zu markieren.

Allerdings halte auch ich Dominanz und Unterwerfung für eine der Grundkonstellationen beim SM. Es geht bei nahezu allen Spielarten darum, sich freiwillig dem Willen einer anderen Person unterzuordnen – genau, wie es *immer* um Vertrauen geht.

4. Sexgöttin / Sexgott

Dieses Kapitel ist vielleicht ein wenig irreführend, weil sich viele Leser vielleicht fragen werden, was zum Teufel eine Kurzanleitung zum „Sexgott"/zur „Sexgöttin" in einem SM-Handbuch zu suchen hat. Aber mal ehrlich: Ist diese Bezeichnung nur den Freunden des Vanilla-Sex' vorbehalten?

Mit Sicherheit nicht, denn viele Spiele, Spielarten und Kunstfertigkeiten sollte jeder kennen, der seinen Partner (und sich selbst) glücklich machen möchte.

Immerhin haben Sie als SM-interessierter Leser oder -Leserin gleich zwei Vorteile gegenüber den anderen: Erstens wissen Sie bereits, dass zum guten Sex mehr gehört, als der eigentliche Geschlechtsverkehr und zweitens lesen Sie bereits dieses Buch.

Nun muss man fairerweise sagen, dass es ein Fulltime-Job sein kann, ein Sexgott zu sein. Muss es aber nicht, denn so gut wie niemand, den ich kenne, ist rund um die Uhr ein Sexgott. Genau wie die meisten SM-Beziehungen, die ich kenne, keine 24/7-Beziehungen sind, die dann auch konsequent durchgezogen werden. Und das ist auch vollkommen in Ordnung. Sowohl das Fulltime-Arrangement, als auch der Partytime-Spaß. Man sollte es nur wissen!

Ich für meinen Teil bin darauf gestoßen (worden), als eine meiner Freundinnen meinte, ihr Mann und sie hätten keinen Sex mehr. Seit über zwei Jahren!

Wir machten danach gemeinsam eine Inventur und irgendwann im Verlaufe des Abends stand ich vor ihrem Kleiderschrank und dachte mir: Wenn du *das* Nachts trägst, wundert es mich nicht, dass dein Mann keinen Bock auf Sex hat. Dasselbe galt für ihre Unterwäsche, und das meine ich nicht böse. In meiner Wäschekiste gibt es auch den Schlüppi, den ich nur anziehe, wenn ich keine Lust auf Erotik habe. Ich habe

Sport-BHs, die jeden Wikinger vom Schlachtfeld und direkt nach Walhalla gejagt hätten. Und auch das obligatorische Snoopy-Pyjama-Unding werden Sie bei mir finden.

Aber hauptsächlich liegen in der Schublade erotische Spitzendessous, aufregende Strümpfe und sinnliche Negligés. Weil ich mich darin sexy fühle, verführerisch und ganz und gar nicht langweilig. Und was ich persönlich am besten daran finde? Man kann mit Erwartungshaltungen spielen. Wenn ich in Sack und Asche mit dem Hund spazieren gehe, kann ich trotzdem ein rotes Dessous-Set tragen … und niemand außer mir und meinem Mann weiß das!

Genauso wie man unter dem unschuldigen Hippie-Rock einfach mal gar nichts anhaben kann. Für den schnellen Zugriff und weil es ein (geteiltes?) Geheimnis ist.

Oft werde ich gefragt: Ist es nicht anstrengend, ein Sexgott zu sein? Ich lächele dann milde und erkläre: Eine Scheidung oder Therapiesitzungen sind anstrengender.

Und das meine ich genauso! Es ist meist erstaunlich leicht, den Partner zu überraschen und (neuen) Spaß an der Erotik zu finden. Mit Spaß und Interesse holt man mehr raus als durch die perfekteste Technik (auch wenn die sicher nicht schaden kann).

Achten Sie einfach auf Ihren Partner, Sie werden bemerken, was ihn oder sie anturned und was eher nicht. Notfalls fragen Sie und signalisieren so Ihr Interesse.

Die Regeln für ein Leben als Sexgott/-göttin sind einfach:

Erstens: Seien Sie offen und neugierig eben auch in Bezug auf Ihren Sexualpartner und die damit einhergehende Erotik.

Zweitens: Bewahren Sie die Bereitschaft, die Leidenschaft füreinander hochzuhalten – oder wieder aufflammen zu lassen.

Drittens: Zeigen Sie Ihrem Gegenüber, dass er Sie (immer noch) erregt und er unwiderstehlich ist.

Viertens: Setzen Sie den Körper Ihres Gegenübers für Ihre Zwecke und Ihre Erregung ein.

Fünftens: Setzen Sie Ihren eigenen Körper für Ihre Zwecke und Ihre Erregung ein.

Sechstens: Setzen Sie Ihren eigenen Körper für Ihre Zwecke und die Erregung Ihres Gegenübers ein.

Siebtens: Schämen Sie sich nicht für das, was Sie wollen oder empfinden!

Achtens: Wenn Sie sich sexy fühlen wollen, kleiden Sie sich sexy denken Sie auch an Ihre Schuhe!), bewegen Sie sich sexy, essen Sie sexy, schminken Sie sich sexy und zeigen Sie dem Partner, dass Sie sexy sind!

Neuntens: Kennen Sie Ihren Körper und Ihre eigenen Fähigkeiten. Sie sind nicht gut beim Französisch, können es Ihrem Gegenüber mit den Füßen besorgen? Sehr gut! Das eine kann man verbessern – das andere sofort einsetzen.

Zehntens: Das Verbessern und Neues kennenlernen. Bilden Sie sich fort, im Anhang finden Sie zum Beispiel Lesestoff für Sachbücher, aber auch erregende Romanvorschläge.

4.1 Die Kunst des Alltags:

Es geht nicht nur um Sex, es geht um ALLES: Denn eine Beziehung ist mehr als Sex, sie geschieht 24 Stunden am Tag, meist nebenbei und zwanglos. Normalität eben.

Und in der geht es um Liebe, Verständnis, darum Respekt vor dem anderen zu haben – und vor sich selbst. Es geht um kleine Aufmerksamkeiten, Zuverlässigkeit, aber auch um Körperpflege, Optik und die winzigen Hinweise darauf, dass man den anderen so mag, wie er ist.

Ihnen ist klar, dass Sie nicht perfekt sind? Sind wir auch nicht und niemand ist 24 Stunden am Tag schön, meist kommt einem der Alltag dazwischen. Wenn Sie seit 48 Stunden auf den Beinen sind, weil im Kindergarten Brechdurchfall kursiert und Sie den Elternsprechtag in der Schule gerade noch hinter sich gebracht haben, ohne jemandem die Kehle aufzureißen, Ihr Auto vom ADAC abgeschleppt werden musste und die Heizung ausgefallen ist … dann ist vielleicht gerade wirklich kein guter Zeitpunkt, um der Sexgöttin oder dem Sexgott einen Platz im Alltag zuzugestehen. Aber vielleicht brauchen Sie ihn auch gerade dann, diesen Platz. Um sich abzureagieren und um sich toll zu fühlen. Beides ist nur allzu verständlich.

Doch ich gehe jetzt einfach einmal von der Normalität aus, die sich früher oder später in jede Beziehung einschleicht – und lasse die extremen Aneinanderreihungen von Katastrophen oder Wundern mal beiseite.

Natürlich ist generell das Timing wichtig, um den anderen zu überraschen und aus dem Alltag zu reißen. Wenn Sie ein schönes Essen gezaubert haben, das über mehrere Stunden gehen soll, der andere aber abgekämpft nach Hause kommt und nur schnell eine Butterbrot essen will – sind Sie beleidigt und der andere hat Schuldgefühle. Gleiches gilt für einen wundervollen, verführerischen Abend, den nur einer von beiden geplant hat. Nicht immer will unsere Libido wie wir und nicht immer können wir die Sorgen und die Belastungen des Alltags einfach abschütteln. Das hat nichts mit mangelnder Liebe zu tun oder mit nachlassendem Interesse am anderen, sondern einfach etwas mit dem Leben abseits der Beziehung. Um hier im Vorfeld schon Missverständnisse auszumerzen und den richtigen Zeitpunkt abzupassen, warnen Sie den anderen vor!

Das kann durch einen Anruf sein, durch einen Eintrag in seinem Terminkalender, oder durch eine Anspielung. Wenn Sie besonders geschickt sind, können Sie Ihren Spielpartner allein durch diese „Vorwarnung“ schon scharf machen oder zumindest neugierig.

Was kann man noch im Alltag unterbringen, ohne dass das aufwändig ist? (Einen Überraschungsabend, eine geplante Session macht man ja meist nicht einfach mal so aus dem Stegreif, aber bei „Die Kunst des

Alltags“ soll es ja eben auch um die Kleinigkeiten gehen, die man locker in die normalen Abläufe einbauen kann.)

Geben Sie der Sexgöttin/dem Sexgott einen Platz in Ihrem Leben. Neben dem schrecklichen Nachthemd mit dem Snoopy sollte es auch ein Seidenneglig é geben. Berühren Sie den anderen, umarmen Sie ihn. Das klingt vielleicht albern, aber Berührungen geben dem anderen die Bestätigung, die er braucht. Schlafen Sie ruhig unbekleidet oder er lässt das Shirt weg, sie schläft im Tank-Top (falls Sie zum Beispiel Kinder und keine Lust haben, deren Fragen zu beantworten), nehmen Sie sich abends auf der Couch Zeit für eine Massage (die geht auch mit den Kindern), lesen Sie zusammen ein erotisches Buch, von dem Sie sich inspirieren lassen. Nutzen Sie die kleinen Gelegenheiten und Zeitfenster, die sich Ihnen im Alltag bieten, um einfach mal grundlos zu knutschen. Verwöhnen Sie den anderen oder offenbaren Sie ihm Ihre geheimsten Fantasien. Machen Sie einmal im Monat einen „Sex-Fantasien-Abend“ oder schreiben Sie Ihrem Spielpartner einmal im Monat einen sinnlichen Brief.

Es gibt viele tolle Ideen, man muss sie auch nicht alle umsetzen, aber eventuell waren ja bei den Tipps schon einige dabei, die Ihnen gefallen haben?

Man könnte auch gemeinsam duschen gehen, den anderen darum bitten, das Rasieren für einen zu übernehmen, oder das Haarewaschen. Kämmen Sie *ihr* einfach mal abends die Haare oder bitten Sie sie darum, Ihnen den Rücken einzucremen. Machen Sie Ihrem Spielpartner Komplimente und seien Sie offen für Anregungen. Man lernt sein ganzes Leben lang. Warum sollte das ausgerechnet bei der Erotik anders sein?

Überhaupt: Räumen Sie Sex eine Sonderstellung ein, dazu benötigen Sie nämlich Raum und Zeit. Planen Sie wilde und verrückte Sessions genauso wie die Zeit zu Zweit. Schauen Sie verführerische Filme (z.B. „Secretary“, „Bitter Moon“ oder „Die O“) oder füttern Sie einander ein Abendessen lang.

Und auch wenn Sie Kinder zu Hause haben (oder andere

Familienmitglieder etc.), können Sie auf Ihr Äußeres achten, Ihren Körper lieben, pflegen und akzeptieren. Genießen Sie, wie er sich anfühlt, was er kann, und leben Sie mit seinen Schwächen - die hat nämlich jeder. Und die meisten kann man durch andere Dinge, Intelligenz, Fantasie, Erotik etc. ausgleichen.

4.2 Die Kunst des Körperkontaktes:

Ich hatte es in 4.1 ja schon angedeutet: Körperkontakt ist wichtig!

Er verbindet, gibt uns Bestätigung und Sicherheit. Nicht sofort und immer direkt, aber unbewusst. Denn „Haut macht glücklich!" und manchmal sagt eine einzige Umarmung mehr, als wir in Worte fassen können. Dazu kommt, dass wir Berührungen eher Glauben schenken, als einer Liebeserklärung.

Wenn Sie Ihrem Spielpartner also etwas Gutes tun wollen, dann probieren Sie es doch einmal mit einer Massage. Genießen Sie jeden Zentimeter, den der andere zu bieten hat. – Einer der wenigen Vorteile, wenn man zunimmt :-)

Eine richtige Massage ist generell schön und entgegen des Irrglaubens, man könne viel kaputtmachen, wenn man das nicht professionell gelernt hat, muss ich an dieser Stelle die Wahrheit sagen: Um etwas kaputt zu machen, müssten Sie so feste in den Muskel grätschen, dass es fast einfacher ist, einen Knochen zu brechen. Trotzdem sollte man sich langsam und vorsichtig, mit gemessenen und nicht ganz so … entschlossenen Bewegungen vortasten, um herauszufinden, wie fest es der andere mag. Das ist ja auch nicht jeden Tag gleich. Manchmal mag man Entspannungsmassagen, manchmal möchte man lieber mit den Fingernägeln „gekratzt" werden und an anderen Tagen darf es ruhig das Ausstreichen von echten Verspannungen sein.

Kaufen Sie verschiedene Cremes oder Öle (es gibt auch Kerzen, deren öliges Wachs nach dem Anzünden als Massageöl herhalten kann) für jeden Anlass und jedes Körperteil. Schließlich gibt es am Partner mehr zu entdecken, als nur den Rücken und die Geschlechtsteile. Eine schöne Fußmassage beim Filmabend, das Massieren der Unterschenkel nach dem Joggen oder das Durchkneten der Hand nach einem gemeinen Arbeitstag war nie schöner als mit der richtigen Creme/dem richtigen Öl.

Sie können sich auch an einer Kopf- oder Gesichtsmassage probieren, wobei man beides auch locker in den Alltag pressen kann, indem man dem anderen die Haare wäscht, oder das allabendliche Gesichtsreinigungsritual übernimmt (okay, da sind meist die Frauen gemeint …)

Es darf ein wenig mehr sein?

Dann probieren Sie doch ein Bodypaint aus Schlagsahne und Schoko, aus Kirschsirup und Karamellstreusel. Nougat- oder Eierlikör eignen sich ebenfalls gut. Ihrer Fantasie sind kaum Grenzen gesetzt. Sie können auch Erdbeermarmelade nehmen, wenn Sie mögen … Ablecken inklusive.

Bedenken Sie lediglich an dieser Stelle, dass einer von Ihnen das Zeug vernaschen sollte – und dass diesem jemand davon bei einer zu großen Menge schlecht werden könnte.

Es soll lieber erst einmal weniger sein?

Dann probieren Sie es mit den Alltagstipps: Bürsten Sie ihr das Haar, duschen sie gemeinsam oder bitten Sie um eine Rasur.

Übrigens würde ich unter Massage auch noch Küsse zählen (Lippenmassage) und einen Großteil der gängigen Sexspielzeuge wie Vibratoren, Dildos oder den Magic Wand.

Schließlich kann man ja auch erotische Massagen einsetzen. Wann haben Sie zum Beispiel zum letzten Mal an „Tantra“ gedacht?

Macht Spaß, sollte man aber Zeit für haben (und Privatsphäre).

Und jetzt wünsche ich Ihnen viel Spaß dabei, sich selbst und/oder den Partner zu berühren. Erforschen Sie ihn und genießen Sie diese Körperlichkeit – er wird sich sicher gerne revanchieren!

4.3 Die Kunst der Sinne

Der Titel dieses Kapitels sagt es eigentlich schon, auch wenn wir meistens nur ein oder zwei Sinne wirklich bewusst bedienen, gehören zu einer gelungenen Verführung doch auch noch ganz andere Dinge – sollten sie zumindest :-)

Schließlich hat der Mensch nicht umsonst fünf Sinne: Hören, Riechen, Tasten, Schmecken und Sehen.

Also beziehen Sie doch einfach einmal alles mit ein! Erschaffen Sie eine sinnliche Umgebung. Die muss ja nicht auf das Schlafzimmer begrenzt sein, auch ein Kamin, ein Sofa oder eine gemütliche Ecke kann herhalten. Genau wie eine Picknickdecke im Park, eine Massageliege oder ein Fesselgestell. Ihrer Fantasie sind da keine Grenzen gesetzt. Es kann etwas zu Essen bereitstehen (verzichten sollte man jedoch auf Spargel, Bohnen und scharfe Speisen). Massageöl. Musik kann für die richtige Hintergrundstimmung sorgen oder Sie haben einige duftende Kerzen angezündet. Hier eignen sich besonders gut Vanille, Zeder, Jasmin, Rose, Lavendel oder Moschus. Wenn Sie nicht wissen, was der andere mag, würde ich immer dazu raten, zu unaufdringlichem Vanillegeruch zu greifen.

Neben der Umgebung und dem „aufbereiteten eigenen Körper" empfinde ich persönlich das Licht als Hauptstimmungsquelle. Gedämpftes Licht ändert nicht nur die Stimmung und lässt uns einen Gang runterschalten, es hat auch eine ästhetische Wirkung, denn es schmeichelt jedem und verdeckt den einen oder anderen Schönheitsfehler. (Schrauben Sie notfalls Leuchtmittel mit niedriger Wattzahl in die Lampen oder nehmen Sie Kerzen). Es sorgt dafür, dass wir automatisch leiser reden und dichter zusammenrücken.

Außerdem ist ein wenig Dunkelheit gut für schüchterne Menschen und auch unsichere Kandidaten (und wer ist z.B. bei einem ersten Date/einer ersten Session nicht ein klitzekleines bisschen unsicher?) werden es zu schätzen wissen, da gedämmtes Licht helfen kann, Hemmungen zu überwinden.

4.4 Die Kunst des Küssens

Der Kuss ist meist das erste Erotische, was man mit der Person macht, die man sich als Partner ausgesucht hat. Mit einem Kuss kann alles beginnen – oder fallen. Denn mal ehrlich: Wer nicht küssen kann, kann auch meist alles andere nicht.

Zumindest ist das immer mein Motto gewesen. Nennen Sie es ruhig Vorurteil, aber ich bin an dem Mann hängen geblieben, dessen Kuss mich von den Socken gehauen hat!

Leider ist es oft so, dass in einer längeren Beziehung das Küssen irgendwann keine Rolle mehr spielt. Zumindest keine große mehr. Es ist eingeschlafen, wird nur noch beiläufig zelebriert oder besteht im besten Falle aus einem kurzen Schmatzer auf den Mund. Irgendwann und irgendwie ist die Leidenschaft eingeschlafen (oder nie geweckt worden), die mit einem richtigen Kuss einhergeht.

Ein richtiger Kuss ist eine Kunst für sich. Aber was der eine mag, muss der andere nicht unbedingt ebenfalls mögen. Es gibt durchaus Menschen, die nasse Schlabberküsse lieben – und andere, die sich dann nur ein Taschentuch wünschen. Des Weiteren gilt zu beachten, dass sich auch hier die Vorlieben ändern können. Nur weil uns etwas jahrelang angemacht hat, muss das ja nicht unbedingt so bleiben!

Kennen Sie die Serie „Boston Legal“? Dort gibt es einen hammertollen Typen, dem die Frauen ständig weglaufen – weil er nicht küssen kann. Seine Co-Anwältin, die ihm helfen will, macht es genau richtig: Sie zeigt ihm, wie sie ihn küssen würde, und lässt ihn diesen

Kuss dann nachmachen und bei ihr üben. Die Wirkung ist optimal. Und ehrlich? Menschen vergessen selten etwas, wodurch sie die richtigen Resultate erzielen.

Wenn Sie also unzufrieden sind mit der Art und Weise, wie Ihr Partner Sie küsst, dann zeigen Sie ihm (oder ihr), wie Sie geküsst werden wollen.

Sie wissen es nicht? Ist ein Witz, oder?

Dann üben Sie es! (Nein, das ist kein Witz!)

Nehmen Sie dazu Ihre Hand (ja, in echt!), hier können Sie zum Beispiel den Unterschied spüren, wenn Sie Ihre Lippen zugekniffen oder leicht geöffnet haben. Und jetzt nutzen Sie auch die Innenseite Ihrer Lippen. Bringen Sie Ihre Zunge erst langsam ins Spiel und variieren Sie Ihre Bewegungen. (Denken Sie daran, Sie sind kein Specht und Sie machen auch nicht Sex mit der Zunge!)

Berühren Sie den anderen nur ab und zu, lassen Sie sich Zeit, knabbern Sie an den Lippen des anderen und erforschen Sie Ihr Gegenüber.

Vergessen Sie nicht, dass es auch andere Orte zum Küssen gibt: Ohren, Hals, Halsbeuge, Nacken, Brustwarze, Bauchnabel und eigentlich jedes Körperteil, das selten unbekleidet ist.

Küssen ist generell großartig, und ein Kuss kann sehr vieldeutig sein:

- ein Bussi – gut geeignet unter Verwandten oder zur Begrüßung.
- ein Kuss – das, was man dem Partner gibt, wenn gerade die eigenen Eltern zuschauen.
- ein Zungenkuss – langsam, intim und im besten Falle der Auftakt einer gelungenen Verführung. (Wenn Ihnen ein unbeteiligter Zuschauer rät, sich doch ein Zimmer zu suchen, haben Sie alles richtig gemacht!)
- ein sanfter Kuss – kaum mehr als ein Hauch, der dem anderen aber mehr sagt als tausend Worte.
- ein besitzergreifender Kuss – das, was Ihr Partner bekommt und verdient, wenn er schon zu lange mit einem anderen attraktiven Menschen redet. (Wenn der andere attraktive Mensch abzieht, als wäre er zurechtgewiesen worden, haben Sie alles richtig gemacht!)

- ein schmerzhafter Kuss – kann eine Variante des besitzergreifenden Kusses sein, aber auch der Auftakt zu einer SM-Session.
- der Kuss danach – der wichtigste Kuss überhaupt und der, den man auf keinen Fall auslassen sollte!

4.5 Die Kunst des Einsatzes

Verführen Sie ihn/sie!

Das können Sie vorbereitet machen, aber auch spontan. (Wenn der Zeitpunkt passt, dann passt er eben.)

An dieser Stelle noch einmal ganz wichtig: Behalten Sie bei aller Vorbereitung auch den anderen im Auge. Es ist schlecht, wenn Sie sich stundenlang vorbereitet haben und nun ficken wollen, der andere aber einen Lümmelabend beim nächsten Länderspiel vor dem Fernseher geplant hat!

Es gibt viele Möglichkeiten, dem anderen zu zeigen, dass er immer noch unwiderstehlich ist:

- nehmen Sie sich Zeit für Ihren Partner, auch bei der Verführung.
- schmeißen Sie sich für ihn in Schale!
- Sie wissen, auf was Ihr Partner steht, dann ziehen Sie es an. Die meisten mögen Nylons und hohe Schuhe mit Stiftrock – aber manche fahren auch auf Leder, Lack oder ein Abendkleid ab.

Tun Sie dem Partner diesen Gefallen!

- bereiten Sie sich und Ihren Körper vor: mit Dusche/Bad, Creme, Rasur etc.
- es ist alles eine Frage der Präsentation: Wenn Sie ihm einen blasen wollen, schminken Sie Ihren Mund rot (Kussecht!), wenn Sie einen Handjob in Betracht ziehen, sorgen Sie für ordentliche, weiche Hände, und für die Füße … Sie wissen schon! Und für Männer: Sorgt dafür, dass der Bart nicht pikst (es sei denn, die Partnerin fährt genau darauf ab).

(An dieser Stelle einmal ganz deutlich: Bereiten Sie sich besser auf alles vor, dann kann Sie auch ein spontaner Fußfetischismus-Anfall nicht überraschen!)

- Ansonsten ist es gut, sich die Zähne geputzt zu haben und wenn beide dasselbe essen. (Spargel, Zwiebeln oder Knoblauch sollten Sie trotzdem vermeiden.)
- Licht, Duft, Liebesnest hatten wir schon – Liebestöter „Fernseher“ aus, sollte selbstverständlich sein.

Und jetzt das Wichtigste an diesem Kapitel: Technik ist gut, Einsatz ist besser. Trauen Sie sich!

Und trauen Sie sich zu, den anderen zu Höhenflügen zu veranlassen. Egal ob im SM oder beim Vanilla – wenn es Sie anmacht, zuzusehen, wie der andere den Oralverkehr genießt, wird er das mehr zu schätzen wissen, als den perfekten Job, dem ihm vielleicht eine Professionelle geben könnte. Zeigen Sie dem anderen, dass er Sie anmacht und Sie seine Reaktionen lieben!

Und wenn Sie sich nicht sicher sind (wenn z.B. die Frau immer leise und klammheimlich kommt, oder es zumindest behauptet), dann sprechen Sie mit dem Partner!

In vielen Ratgebern heißt es, es würde die Stimmung kaputtmachen, aber gerade Unsicherheiten führen doch dazu, dass diese gar nicht erst aufkommt. Hauptsache, Sie theoretisieren nicht zu viel, denn es ist das Spiel und das, was Sie bereit sind zu geben, was den anderen anmacht!

Oralsex – man kann sich auf den anderen konzentrieren und ihn genießen lassen. Dabei hat man die Macht! Auch der Sub – selbst wenn er kniet und gefesselt ist :-)

Oralsex ist etwas, was Sie für den Partner tun; nicht etwas, was er für sich durch Sie tut. So sollte es zumindest sein – es sei denn natürlich, es ist in der Session ausdrücklich so gewollt!

Also nutzen Sie Ihre Zunge, Ihren Mund und beziehen Sie ruhig die Umgebung mit ein (Frauen z.B. die Hoden, Männer können sich auch in Richtung Anus vorwagen).

Sie müssen auch kein großer Bewegungskünstler beim Geschlechtsverkehr sein, denn auch hier gilt „Einsatz vor Technik“. Kaum einer hat das Kamasutra komplett durch und die wenigsten sind zum Schlangenmenschen geboren. Vergessen Sie Ihre Vorurteile und das, was andere von Ihnen denken würden, wenn Sie Sie in diesem Moment sehen. Die meisten von uns sehen beim Sex eh so aus, als hätten Sie große Schmerzen – und nur bei den SM’lern stimmt es :-)

Hilfsmittel: Ein Stichpunkt, der beim SM deutlich weiter gefasst ist, als beim Vanilla. Das meiste haben wir bereits in anderen Kapiteln abgehandelt. Deswegen sei an dieser Stelle nur das Haupthilfsmittel erwähnt, das Gleitmittel.

Liebe Frauen, benutzt es vorher. Ihr müsst es Eurem Partner nicht einmal sagen. Er wird sich freuen, Euch feucht und bereit vorzufinden und gut geschmiert macht Sex auch gleich viel mehr Spaß!

Ein kleiner Tipp am Rande: Es klingt fies, aber wenn Sie dem anderen etwas geben, ist er viel eher bereit, ebenfalls die Initiative zu ergreifen.

Und wenn Sie etwas wollen, bitten Sie darum!

4.6 Die Kunst der Spielarten:

In der Erotik gibt es viele Spielarten, da ist SM keine Ausnahme und auch im Vanilla kann man durchaus einige Spiele finden. An dieser Stelle möchte ich einige von ihnen aufzählen und vorstellen: Französisch (Oral), Spanisch (Brust), Griechisch (Anal), Hingabe, Dominanz; Rollenspiele, Tantra, Handanlegen,

Sie können Fetische einbauen, oder SM-Spiele und selbst die Liebhaber der sanften Erotik kommen bei einigen SM-Dingen auf Touren. (Wer wird nicht gerne gefesselt?)

Nicht jede Spielart muss jedem gefallen. Es gibt Menschen, die mögen Nadeln, andere Urin und andere Menschen nehmen Peitschen oder Fesseln, während die dritten sich lieber auf Rollenspiele konzentrieren. Die meisten von uns werden ein gewisses Repertoire an Spielen und Spielarten haben und wir hoffen, mit diesem Buch zu neuen Ideen anregen zu können.

Wenn man ein Repertoire hat, sollte man sich mit den Spielen (auch wenn man darunter Lieblinge hat) abwechseln, um die Spannung zu erhöhen und aufrechtzuerhalten. Wenn immer alles gleich abläuft, wird es irgendwann zur Gewohnheit.

Sorgt für Abwechslung, für Überraschungen!

Aber am Allerwichtigsten: Geben Sie sich dem anderen hin (das gilt sowohl für Sub als auch für Dom), lassen Sie den anderen spüren, dass Sie ganz bei ihm und dem Spiel sind. Nichts anderes sollte in diesem Augenblick eine Rolle spielen!

Denn das ist die wichtigste Spielart :-)

5. Orte

Es gibt sie, die Klassiker ... die meisten werden gnadenlos überschätzt, wie etwa der Aufzug, aber auch die Flugzeugtoilette ist eher unbequem, genau wie das Auto. Wenn Sie schon einmal einen Steuerknüppel an Körperstellen hatten, wo definitiv kein Knüppel hingehört, wissen Sie, was ich meine. Und auch die viel gelobte Rückbank ist schmal, umgeklappt zu kurz und überhaupt …

Bestimmt denken Sie bei Spielen außerhalb des heimischen Bettes auch an so Optionen wie Sex unter der Dusche oder auf der Damentoilette? Bis heute kommen solche Szenen in Spielfilmen vor und tragen dort zugegebenermaßen in den meisten Fällen zur Spannung bei. Aber für SM'ler ist Sex unter der Dusche fast zu gewöhnlich. Und mal ehrlich, sich auf einer Toilette der schönsten Sache der Welt hinzugeben ist nicht wirklich bequem und nur begrenzt erotisch.

Der Whirlpool oder die Sauna hingegen sind zwar ganz okay und auch „in der Hängematte" kann man getrost vergessen. (Wir haben es getestet.) Der Klettergarten ist übrigens auch nur etwas für die Schwindelfreien, die nicht zu Lachanfällen neigen und Waschmaschinen haben nur selten die richtige Höhe.

Die richtige Höhe zumindest hat der Sandstrand. Aber ist es wirklich ein tolles Gefühl, wenn die feinen Sandkörner im Getriebe schmirgeln? Also nein, was wir Ihnen vorstellen möchten, sind geeignete Orte für ein sinnliches, aufregendes und zugleich extrem heißes Spiel. Nur ob Sie mutig genug dafür sind, müssen Sie noch selbst entscheiden.

5.1 Outdoor – und trotzdem nicht öffentlich

Wie jeder Sex fängt auch SM im Kopf an – oder gerade SM! Denn alleine durch die Fantasien, die Sie in Ihrem Kopf ausbrüten, können Sie bereits erregt sein. Deswegen beginnen wir unser Kapitel über mögliche Locations mit interessanteren Alternativen als dem heimischen Bett. Eine einfache Handlung, wie beispielsweise beim gemeinsamen Shoppen oder einem Restaurantbesuch keine Unterwäsche zu tragen, kann schon ein Akt der Erregung sein.

Zu einfach? Dann eine kleine Steigerung – bestimmt waren Sie mit Ihrem Partner schon mal alleine in einem Fahrstuhl unterwegs? Treten Sie als Herrschaft eng an Ihren Sub heran und flüstern Sie ihm oder ihr einen Befehl ins Ohr. Wie wäre es denn, wenn Sub sich vor Ihren Augen bis zum nächsten Halt des Fahrstuhls des Höschens entledigt und es Ihnen überreicht? Oder sich des BHs unter der Bluse entledigt?

Bei dünner Kleidung spricht auch nichts gegen Streicheln oder Zwicken der erogenen Zonen. Für ein gezieltes Heißmachen reicht die Fahrtzeit allemal aus. Und es gibt doch kaum etwas Schöneres als das Hinhalten und Warten auf mehr.

Wenn Sie aufs Ganze gehen wollen, weil Ihnen beiden schon ganz heiß vor lauter Gedanken oder Anmache ist, schnappen Sie sich doch ein paar Kleidungsstücke und verschwinden Sie gemeinsam in einer Umkleidekabine des Kaufhauses. Bei aller Spontaneität sollten Sie diese Location allerdings zu einem früheren Zeitpunkt gecheckt haben. Wie viele Kabinen gibt es und wie groß sind diese? Gibt es an einem anderen Platz im Geschäft Umkleiden, die weniger stark besucht werden? Macht regelmäßig eine Verkäuferin ihre Runde und fragt, ob sie helfen kann, oder ist man ungestört?

Auch wenn der Reiz des Entdecktwerdens ein Teil Ihres Spiels sein soll, müssen Sie nicht einen Rauswurf oder ein Hausverbot riskieren. ;-)

Wenn alles passt, kann es losgehen. Entkleiden Sie sich nur so viel wie nötig ist und achten Sie darauf, dass sich Ihre Stöße beim Akt nicht auf die Kabinenwände übertragen. Genießen Sie das Gefühl, etwas Verbotenes, etwas Anrüchiges zu tun und die Möglichkeit, sich dabei gegenseitig im Spiegel zu beobachten. Und wir versprechen Ihnen eines: Wenn Sie es einmal versucht haben, werden Sie danach lechzen, es wieder zu tun!

5.2 Swingerclub / SM-Club

Sie waren noch nie in einem Swingerclub? Macht nichts. Wenn Sie Interesse an mehr Öffentlichkeit, am Beobachten oder beobachtet werden, oder auch am Partnertausch haben, dann sind Sie hier richtig aufgehoben und auch für jeden „alten" Swinger ist es irgendwann das erste Mal gewesen. Also trauen Sie sich einfach, wenn Ihnen danach ist.

Natürlich sind Swingerclubs nicht gezwungenermaßen gleichzeitig SM-Clubs. Aber für ein Spiel, das hauptsächlich auf Erniedrigung und Gehorsam aufbaut, sind sie prima geeignet. Beispielsweise durch „Verleihen" an andere Partner, die Sie als Top auswählen. Oder Sub muss zusehen oder sogar bedienen, während Sie sich mit einem anderen Partner vergnügen.

Einige Swingerclubs bieten auch Räume mit SM-Ausstattung an, fragen Sie also einfach nach, wenn dies für Sie wichtig ist.

Generell sind Swingerclubs für alle diejenigen das geeignete Ziel, die mit Dritten ein sexuelles Abenteuer erleben, einen Partnertausch in gegenseitigem Einvernehmen für ein paar Stunden vornehmen oder sogar Gruppensex ausprobieren möchten.

Der Schwerpunkt liegt dabei nicht darin, typische SM-Fetischkleidung zu tragen, sondern sich nackt oder in Ihren persönlichen Lieblingsdessous unter Ihresgleichen zu bewegen.

Anders im SM-Club. Lack, Leder oder Latex sind ein Muss, mitunter wird auch passend zu einem „Themenabend“ ein spezieller Dresscode vorgegeben. Auch erkennbare Zeichen des Sklaventums wie Halsband und Leine, Fesseln oder Harnische, Knebel und Co gehören dazu.

Der Club stellt SM-Inventar wie Andreaskreuz, Streckbank, Käfige oder anderes zur Verfügung, sorgt für Sicherheit und Einhaltung der Grundregeln. Für ein öffentliches Treiben unter Gleichgesinnten, mit dem sicheren Gefühl, willkommen zu sein, ist der SM-Club also besser geeignet als ein Swingerclub.

Entsprechend ihren Neigungen können sich Herrschaft und Sklave frei produzieren und miteinander oder auch mit anderen spielen. Beispielsweise wäre ein SM-Club ein passender Ort für eine öffentliche Auspeitschung Ihres Sklaven. Wie aufregend und demütigend ist es, sich in die vom Top gewünschte Stellung zu begeben und ihm und anderen zu zeigen, wie ergeben und tapfer Sub ist. Oder wie gehorsam sich das Hündchen im Zuge eines Petplays gibt.

Denken Sie die Rollen aus, die Sie und Ihr Partner einnehmen möchten, und leben Sie diese. Nirgendwo anders können Sie dies so ungezwungen tun, ohne einen Rauswurf wegen öffentlichen Ärgernisses zu riskieren.

5.3 Zu Hause

Nicht immer besteht die Möglichkeit, sich an aufregende Orte zu begeben. Vielleicht wollen Sie das ja auch gar nicht. Auch der Sex zuhause lässt sich aufregender gestalten als einfach nur im Bett oder auf dem Sofa zu vögeln.

Alternativ bietet sich schon mal die Waschmaschine in der richtigen Höhe an, oder der Küchentisch. Auch eine Art Filmklassiker erotischer Szenen. Wobei es beiden Varianten an Bequemlichkeit mangelt und Tops Knie bei jeder Bewegung eventuell an die Waschmaschine rumsen. Ein echter Abtörner.

Ist das schon alles? Natürlich nicht.

Falls Sie über eine ausreichend große Badewanne oder Duschkabine verfügen – versuchen Sie es doch mal mit erotischem Einschäumen. Und wenn Ihnen die Location für Ihre Aktivitäten zu eng erscheint, so ist sie allemal für Oralverkehr geeignet.

Mit ein paar Accessoires wie einem Fesselset, das an einem Türpfosten oder einer Tür eingehängt werden kann, steht einem Spanking oder anderen süßen Foltermethoden im Türrahmen fixiert nichts im Wege. Eine Spreizstange hält die Beine offen für Tops ungehinderten Zugriff.

Auch das ist reizvoll: Fesseln Sie Sub auf einen simplen Küchenstuhl, die Arme nach hinten verschränkt an die Lehne binden, die gespreizten Schenkel an den Stuhlbeinen fixieren. Schon steht einer Lustfolter nichts mehr im Wege.

Alles noch viel zu normal? Na gut. Dann noch ein anderer Vorschlag – kaufen Sie sich eine Massagebank. In den letzten Jahren werden diese immer mal wieder zu vernünftigen Preisen angeboten. Man kann sie zusammengeklappt platzsparend aufbewahren, vollkommen deutungsneutral für eventuelle Besucher. Die Liege ist in wenigen Minuten aufgebaut und einsatzbereit und stabil genug für die meisten Aktivitäten. Eine (eventuell wechselseitige) erotische Massage kann vorausgehen, ehe Sub sich mit gespreizten Beinen freudig erregt an der Kante liegend öffnet, oder bäuchlings in Position geht, so dass Top sie bequem im Stehen ficken kann.

Zudem kann die Massagebank mit ein paar einfachen Fesselutensilien in eine Folterbank verwandelt werden, auf der Sub ein Spanking, Kitzeln, Wachs oder eine andere süße Foltermethode ertragen muss.

Mit ein paar haushaltüblichen Gegenständen lässt sich die Wohnung jedoch auch in den passenden Ort für ein thematisch orientiertes Rollenspiel umgestalten. Dazu mehr im Kapitel *Rollenspiele*.

5.4 Outdoor – semiöffentlich

Mit Outdooraktivitäten beweisen Sie Mut – aber auch Risikobereitschaft. Also ehrlich, Sex in der Hängematte im Garten können Sie vergessen, wir haben es getestet! So viel Risikobereitschaft müssen Sie weder uns noch sich selbst beweisen! Entweder Sie verwickeln sich hoffnungslos in der schwankenden Hängematte und kommen nicht zum Zuge oder Sie stürzen unvermittelt hart zu Boden und prellen sich Steißbein oder Co. Beide Varianten sind nicht zielführend.

Ähnliches gilt für ein erotisches Spiel im Klettergarten. Falls Sie es probieren, verzichten Sie auf jegliche Kleidungsstücke, wenn Sie möchten – aber keinesfalls auf die Sicherung! Abgesehen davon ist dies nur etwas für absolut Schwindelfreie, die nicht zu Lachanfällen aufgrund der absurden Örtlichkeit neigen. Also lassen Sie es lieber!

Kommen wir zu Orten, die uns machbarer erscheinen und für den Anfang ausreichen sollten.

Da wäre zunächst mal die Sauna. Nackt sind Sie sowieso schon und ein Handtuch, das als Unterlage für mehr Bequemlichkeit dienen kann, haben Sie auch dabei. Nun müssen Sie nur noch abchecken, wie lange Sie alleine in der Kabine sind, wie viel man von draußen durch die Scheiben beobachten kann und vor allem müssen Sie natürlich einen guten Kreislauf mitbringen. Bekanntermaßen ist Saunieren nicht nur gesund, sondern auch körperlich anstrengend, was durch Ihre Aktivitäten gleich noch immens gesteigert wird.

Viel Spaß dabei!

Ähnliches gilt für einen Akt im Whirlpool, wobei das sprudelnde Wasser Ihr Treiben ein wenig kaschiert. Sub kann beispielsweise auf Ihrem Schoß sitzen oder wenn sie gut im Luftanhalten ist, einen BlowJob unter Wasser geben.

Eine lauschige Ecke in einem gemütlichen Restaurant kann eine gute Wahl für erotische Spielereien sein. Die Tischdecke verbirgt nackte Tatsachen und vielleicht sind Sie als Top forsch genug, und Sub mutig dazu, diese unter den Tisch zu schicken und sich verwöhnen zu lassen? Es gibt so viele Möglichkeiten …

Bis jetzt ist doch alles eigentlich recht harmlos, oder?

Nun, dann haben wir noch einen Tipp für die wirklich Unerschrockenen: Suchen Sie sich an einem schönen Sommertag ein Brennesselfeld und dann hinein und … juhuuu!

Oder jagen Sie Ihre nackte (nur mit Turnschuhen ausgerüstete) Sub wie ein Jäger das Wild durch den Wald, zu einem vereinbarten Treffpunkt auf einem Hochsitz oder in einer Waldhütte. Wer zuletzt ankommt, muss den anderen verwöhnen.

5.5 Hinter Gittern

Für ein möglichst realistisches Gefangenenspiel bieten sich verschiedene Orte an. Dies kann der Verschlag in einem Keller oder auf einem Dachboden sein, der zu einer Mietwohnung gehört. Sub wird darin nackt oder in einer Art Sträflingskleidung eingesperrt und nur freigelassen, wenn sie durch die Ritzen des Gitters oder der Latten eine erotische Strafe abgeleistet hat.

Im SM-Handel werden Käfige angeboten, die für ein solches Spiel gut geeignet sind. Oder fragen Sie bei einem SM-Club nach, was dort geboten wird.

Oder Ihnen genügt eine Umzäunung, die Sub nicht überwinden darf.

Wenn Sie Beziehungen zu jemandem haben, der eine Lagerhalle besitzt – vielleicht gibt es dort Drahtkäfige, um bestimmte Waren sicher zu lagern und Sie dürfen dort am Wochenende ein paar Stunden hinein, um ungestört zu spielen? Auch eine ungenutzte Box in einem Pferdestall kann als „Zelle“ herhalten.

„Hinter Gittern“ bietet die Möglichkeit für eine kurze, befristete Zeit Spaß zu haben – aber hier kann man auch ein längeres Rollenspiel ausleben. Es eignen sich regelmäßige Abläufe, Aufgaben und Strafen. Sogar Besuchszeiten für andere Mitspieler sind geeignet, genau wie „Folter"methoden (z.B. Abspritzen des nackten Gefangenen mit dem Wasserschlauch) die einer halbwegs realen Gefängnisszene entsprungen sein könnten. Machen Sie sich vorher klar, welche Dauer und welche Spiele Sie in die Rahmenhandlung einbauen können und wollen und vergessen Sie auf keinen Fall die Handschellen :-)

5.6 Im Kino oder Autokino

Das Kino ist ein toller Ort für erotische Spielereien. Am besten, Sie haben das *Wie* abgesprochen, aber nicht das *Wann* und *Wo*. So bleibt ein kleiner Überraschungseffekt für Sub, wenn Sie als Top während des Films verlangen, dass Sub sich der Unterwäsche entledigt oder einen BlowJob leistet oder Ihre unverschämten Berührungen aushält.

Vorteilhaft sind Plätze in einem Film, den eigentlich niemand sehen will. Kaufen Sie die Karten kurzfristig und achten Sie darauf, dass Ihre Reihe, sowie die direkte Reihe vor und hinter Ihnen unbelegt sind. Wobei die letzte Reihe besonders von Vorteil ist, da sich kaum jemand während eines Films umschaut.

Wenn Sie das mal ausgetestet und für aufregend befunden haben, können Sie mutiger werden und sich überlegen, was Sie von Sub im vollbesetzten Kinosaal verlangen. Und sei es nur, dass Sie Subs Kitzler bis zum Höhepunkt streicheln. Idealerweise haben Sie eine Filmkomödie ausgesucht, so fallen Juchzer der Erregung kaum auf.

Autokinos sind eigentlich ein Klassiker für ungestörte Romanzen. Der Film rückt in den Hintergrund, Sie selbst werden zum Hauptdarsteller Ihres eigenen Drehbuchs.

In der Regel können Sie sich ziemlich unbeobachtet fühlen, da alle anderen entweder auf die Leinwand schauen oder ebenfalls mit sich selbst beschäftigt sind. Einzig ein wenig gymnastische Flexibilität sollten Sie beide mitbringen, je nach Art Ihres Wagens.

Autos sind nicht generell ein schlechter Ort zum Spielen, wenngleich es ihnen an Bequemlichkeit mangelt. An öffentlicheren Orten als dem Autokino sollten Sie allerdings eine exhibitionistische Ader mitbringen, da die Gefahr des Entdecktwerdens höher liegt. Es gab mal einen Fall, da hat der Top seine Sub, nur mit Dessous und Halsband bekleidet, für eine kurze Zeit in seinem offenen Cabrio zurückgelassen. Angeleint am Rückspiegel und mit Handschellen. Passanten wollten zu Hilfe eilen und konnten von der Dame nur mit Mühe davon überzeugt werden, dass dies nicht nötig sei, da alles mit ihrem Einverständnis im Sinne eines Spiels geschehe …

Bedenken Sie dies … wenn Sie in der Öffentlichkeit aktiv werden. Was Sie keinesfalls daran hindern soll, aktiv zu werden!

6. Rollenspiele

Im Idealfall ist die Dauer des gemeinsamen Rollenspiels ein surreales Erlebnis, bei dem alles andere wie Alltag, Entscheidungen oder Verantwortung ausgeblendet sind. Allen Arten von Rollenspiel ist gemeinsam, dass es sich um ein Dominanzgefälle zwischen Dom und Bottom handelt.

Losgelöst vom eigenen Ego, ganz im Aufgehen des Gehorchens und Dienens für den Top, kann Sub in einen spirituellen Zustand versetzt werden, den man als Subspace oder Fliegen bezeichnet.

Während der Top sich an der Ausübung der Macht berauscht, empfindet Sub im Gegenzug die eigene Macht- und Hilflosigkeit als emotionalen Kick. Natürlich ist die Abgabe bzw. Ausübung der Macht nur eine Illusion.

Der Top seinerseits sollte das Einfühlungsvermögen besitzen, die Grenzen und Bedürfnisse seines passiven Partners zu kennen und zu berücksichtigen. Denn bei SM geht es nicht grundsätzlich um das Zufügen und Ertragen von Schmerzen, sondern häufig ganz einfach um das Abtreten der Kontrolle und um die Freude am Geben und Verwöhnen des Tops.

Wichtig ist auf jeden Fall für beide Seiten, dass die Grenzen vor dem Spiel ausgelotet wurden und sich beide Spieler mit Respekt begegnen. Das kann nicht oft genug betont werden.

Die Vorbereitung

Ein Spiel ohne Vorbereitung kann gleich zu Anfang scheitern. Wie würden Sie sich denn verhalten, wenn bei Ihnen zuhause ein romantisches Date ansteht? Bestimmt nicht schmutziges Geschirr oder den nicht abgeräumten Wäscheständer stehen lassen. Bestimmt nicht den Stapel mit der Bügelwäsche, das ungeputzte Bad oder die

Wollmäuse wo auch immer in Frieden lassen? Nein – weg damit!

Nehmen Sie sich die Zeit, die Sie brauchen, optische, haptische oder akustische Störfaktoren zu beseitigen. Betrachten Sie das aber bitte nicht als lästiges Übel, sondern als eher geistig reinigende Vorbereitung und als Vorfreude auf Ihr Spiel.

Prüfen Sie bei dieser Gelegenheit auch Luft- und Lichtverhältnisse. Riecht es frisch in den Räumen oder ist die Luft abgestanden? Lüften Sie, stellen Sie Duftkerzen oder Räucherstäbchen auf, je nachdem, was Sie selbst als dezent und angenehm empfinden. Oftmals genügt es auch schon, nur die Zimmerbeleuchtung stark zu dimmen oder ganz auszuschalten und durch Kerzenlicht, das wärmer und romantischer wirkt, zu ersetzen.

Ist die Raumtemperatur dafür geeignet, Sub nackt spielen zu lassen? Falls nicht, stellen Sie im Winter rechtzeitig die Heizung an. Müssen Vorhänge oder Jalousien geschlossen werden, um die Blicke neugieriger Nachbarn abzuhalten?

Eine gute Vorbereitung trägt unermesslich zu einem Gelingen Ihres Vorhabens bei. Ebenso wie ein ausgiebiges gemütliches Baden oder Duschen, das Verwenden wohlriechender Essenzen oder genüssliches Eincremen. Suchen Sie auch eine unaufdringliche, romantische Instrumentalmusik heraus, nicht zu laut, auf jeden Fall keine Musik mit Text, von der man abgelenkt oder sogar zum Mitsingen verführt wird. Einfach einen Sound, der eine positive Stimmung hervorruft.

Schalten Sie negative Gedanken aus, falls Sie von solchen bestürmt werden. Sie sind auf keinen Fall zu alt für ein Rollenspiel und es kommt auch sonst nicht auf Äußerlichkeiten an, sondern auf innere Schönheit und vor allem auf Ihrer beider Bedürfnisse!

Eine letzte Überlegung sollte dem „Lärm“ gelten. Falls Sie ohne Knebel und mit möglichem „Nein, nein …“-Gejammere oder Schmerzschreien zu spielen gedenken, dann überlegen Sie, ob dies ohne Mithören der Nachbarn in Ihrer Wohnung überhaupt möglich ist. Oder aus welchem Zimmer die Nachbarn am wenigsten mitbekommen.

Und nun können Sie herausfinden, welche Art von Spielen Sie für sich live entdecken wollen.

6.1 Doktorspiele

Ein Kindheitstraum wird wahr – nur noch besser, noch intensiver.

Beim Doktor- oder Klinikspiel handelt es sich um ein sehr altes Rollenspiel, das viele von uns schon als Kind gespielt haben. Nur „harmloser". Für das visuelle Erscheinungsbild eines Arztes genügt ein weißer Kittel (wie man sie auch im Malerbedarf bekommt) oder eine weiße Jeans, Turnschuhe und ein einfarbiges Poloshirt. Eine Stethoskop-Attrappe wäre schön, aber kein Muss. Vielleicht besitzen Sie aber sowieso ein Blutdruckmessgerät, dann kann dieses eingesetzt werden und genügt dem Eindruck.

Nun müssen Sie nur noch festlegen, welche Art von Arzt Sie spielen möchten.

Der Gynäkologe untersucht die Patientin auf mögliche Krankheiten oder nimmt eine ausgiebige Vorsorgeuntersuchung von Brüsten und Unterleib vor. Die Aufmerksamkeit richtet sich entsprechend bevorzugt auf die Genitalien, die während der gespielten Untersuchung stimuliert werden.

Wenn es noch echter wirken soll, benötigen Sie ein professionelles Vaginalspekulum aus dem SM-Handel als erotische Grundausstattung für ein bizarres Doktorspiel mit herrlich intimem Einblick in Vagina oder Anus. Einfach einführen und über eine seitliche Stellschraube den Vaginalspreizer aus Edelstahl öffnen und in der Spreizung fixieren. Was dann in die feuchten Tiefen eingeführt wird, bleibt dem Fetischarzt überlassen.

Zusätzlich können Klemmen an Nippeln, Klitoris (oder Eichel) angelegt und bei Bedarf Arme und Beine festgebunden werden. Wer in einem SM-Club spielt, findet dafür häufig einen echten Untersuchungsstuhl vor, der das Durchchecken noch ein wenig realistischer macht.

Bei vorhandener Erfahrung lässt sich dieses Spiel natürlich auch um Vaginal- oder Analdehnungen oder medizinische Handlungen wie Darm- oder Blasenspülung erweitern.

Oder spielen Sie Zahnarzt und Patient mit Zahnschmerzen. Ein weißer Kittel und ein Mundschutz sorgen für die nötige Optik und Einstimmung des Herrn Dentisten (oder auch ein aufreizend kurzes Krankenschwesterkostüm für die Arzthelferin oder Frau Doktor, wenn es sich um einen männlichen Patienten handelt). Ein mit weißem Bettlaken abgedeckter Sessel (oder ein kippbarer Gartenstuhl) kann als Behandlungsstuhl durchgehen.

Ein Mundsperrer mit seitlichem Sperrmechanismus garantiert, dass jeglicher Widerspruch im Keim erstickt wird und der Mund des Patienten vom Doktor hemmungslos untersucht und benutzt werden kann. Steigern lässt sich dies noch durch eine Zungenzange, welche die Zunge fest im Zaum hält. Wie genau und „tief" die Untersuchungsmethoden des Dentisten gehen, bleibt diesem überlassen.

Für alle Spiele kann es hilfreich sein, im Vorfeld herauszufinden, in wieweit sich Ihre Wünsche überschneiden. Dies kann beispielsweise durch das Erstellen einer Liste geschehen, die beide unabhängig voneinander ausfüllen. Gegenstände und Fantasie sind aufgeführt und werden mit JA, NEIN oder VIELLEICHT versehen. Oftmals ist dies ehrlicher und ungezwungener, als nur darüber zu reden. So finden Sie heraus, welche Elemente Sie für ein fantasievolles Spiel als unentbehrlich halten und welche auf keinen Fall darin vorkommen sollen.

Damit es Ihnen leichter fällt, finden Sie eine von uns erstellte Liste möglicher Wünsche in Kapitel 11.

6.2 Schulspiele

Was braucht es für ein Schulspiel? Am meisten Spaß macht es meistens, wenn man auf ein veraltetes Bild von Schule zurückgreift, mit Schiefertafel (dies kann auch eine Stelltafel für Kinder sein, wie es sie alle Jahre wieder bei den Discountern gibt, oder gebraucht bei ebay). Mit Kreide und Tafelschwamm.

Mitunter sind auch einfache Pulte mit Bank erhältlich, oder man improvisiert mit ein paar Brettern oder einem Stuhl und Beistelltisch. Soll es echter sein, aber auch unauffällig, dann schauen Sie doch mal nach der Schulbank bei werkhaus.de (im Jubiläumskatalog) – dort gibt es eine im Erwachsenenformat als Tisch fürs Homeoffice.

Kleidung ist wichtig. Der Lehrer zeigt seine Autorität durch gepflegtes Äußeres mit Hemd, Krawatte und Jackett.

Die Schülerin hingegen gibt den Anschein eines verwöhnten oder ungezogenen Teenagers oder Kindes mit Zöpfen, Söckchen oder Kniestrümpfen, knappem Rock oder Hotpants, zu kurzem Top oder Shirt und flachen Schuhen.

Der Ablauf des Spiels könnte folgendermaßen aussehen: Der strenge Lehrer eröffnet den Unterricht und bemerkt, dass das Top oder der Rock einer Schülerin viel zu knapp oder auch zu durchsichtig ist. Außerdem trägt sie nichts darunter (kein BH, kein Slip). Für das unkeusche Verhalten muss die Schülerin natürlich sofort hart bestraft werden. Demütigungen wie Knien oder in der Ecke-Stehen, die Handinnenflächen für die Züchtigung hochhalten, übers Knie legen und Strafarbeiten sind die Folge, was die sexuelle Lust anheizt.

Die Schülerin könnte versuchen, den Lehrer durch das Angebot eines BlowJobs milde zu stimmen, was dieser annehmen kann oder zum Anlass einer noch härteren Bestrafung.

Das Vorhandensein eines Strafbocks oder Pultes, über das die unartige Schülerin (oder der Schüler) sich mit peinlich entblößtem Hinterteil zum Empfangen der Strafe zu legen hat, gibt den optischen Reiz von Schule für das Spiel. Wobei auch ein Stuhl dafür herhalten kann. Dann kann mit der Hand bestraft werden oder auch ein Plastik-Lineal oder Rohrstock zum Einsatz kommen.

Zeigt die Schülerin zu freizügig ihre Brüste, können diese durch Nippelklemmen oder Abbinden bestraft werden. Auch das Ansetzen von Wäscheklammern ist eine schöne Folter.

Eine andere Variante dieses Spiels ist die gespielte Unterbringung in einem Internat. Dort können durch den Hausmeister oder den Lehrer oder Direktor Disziplinierungsmaßnahmen, sexuelles Freikaufen oder auch Käfighaltung und andere Dinge inszeniert werden.

Bei einer zeitgemäßen Spielvariante bietet es sich auch an, wegen Handyspielen zu strafen, oder der Beobachtung wechselnder Jungenbekanntschaften und Verhinderung von Unzucht. Was immer Ihrer Fantasie dazu einfällt.

Anstelle des Lehrers kann auch die Rolle des Priesters oder Mönchs gespielt werden, der eine Katechismusstunde oder ähnliches abhält. Ein entsprechendes Gewand bekommt man an Fasching zu kaufen oder kann es auch mit wenig Aufwand selbst nähen. Mittels ein paar aufgehängter Decken lässt sich ein Beichtstuhl bauen, eine Fußbank oder ein Brett dienen zum unbequemen und devoten Knien.

Ähnlich kann ein Rollenspiel zwischen der attraktiven Sekretärin und dem dominanten Chef verlaufen. Ein eng sitzender Rock, eine halb aufgeknöpfte oder zu durchsichtige Bluse, Strümpfe mit Naht, Strapse und schwindelerregende High Heels sind für den Auftritt im Büro zu sexy – für ein heißes Rollenspiel aber genau richtig. Anzug, ein schönes Hemd, Krawatte oder Fliege, und saubere (!) oder sogar glänzende, auf jeden Fall aber elegante Schuhe sind ein Muss für den gelungenen Auftritt des Chefs.

Die Atmosphäre wird noch glaubwürdiger, indem die beiden Partner sich während des gesamten erotischen Rollenspiels siezen. Dann muss nur noch das Drehbuch festgelegt werden. Die Sekretärin kann eine freche Angestellte sein, die ihren Chef sexuell bedrängt, beispielsweise mit einem BlowJob unter dem Schreibtisch, um bestimmte Ziele zu erreichen. Oder er gibt den strengen Chef, der seine Sekretärin demütigen will und jeden kleinsten Fehler hart ahndet.

Der Film *Secretary*, aber auch unsere Romanempfehlungen im Anhang, geben so einiges an zusätzlichen Anregungen her.

6.3 Rom – Sklaven oder Gladiatoren

Sklavinnen und Sklaven sind völlig rechtlos. Sie sollen sich bedingungslos fügen, egal was ihr Herr oder ihre Herrin verlangt, um ihr Leben trotzdem so angenehm und furchtlos wie möglich zu fristen.

Sind die Sklaven devot und gehorsam, können sie darauf hoffen, dass die Herrschaft sich erkenntlich zeigt. Dieses Spiel lässt sich hervorragend mit Fußfetischismus, Massagen, Einseifen und Pflegen der Herrschaft oder anderen Diensten kombinieren.

Dabei sind die Sklaven spärlich bekleidet oder nackt, während die Herrschaft eine Tunika oder Toga trägt. Ein weißer langer Stoffstreifen, um den Körper gewickelt und die Schulter geworfen, von einem breiten Band oder Gürtel um die Hüfte gehalten, sorgt für ausreichende Optik und ist schnell abgelegt, wenn es heißer zur Sache gehen soll.

Da gibt es aber auch die aufmüpfigen Sklaven, die gegen ihr Schicksal rebellieren oder sich einfach nicht genügend Mühe geben, die ihnen aufgetragenen Aufgaben ordentlich zu erledigen. Auf diese warten Strafen unterschiedlichster Art, angefangen von unbequemen Fesselpositionen, Folter mit Wachs oder Eis oder einem Wartenbergrad (eine Art Teigrad mit nadelgespicktem Rand), Spanking oder Auspeitschen.

Wie für alle anderen Spiele auch gilt: Fangen Sie nicht an zu lachen, sondern nehmen Sie beide Ihre Rollen ernst, wenn Sie sich dafür entschieden haben. Auch wenn das Ganze ein Spiel ist – es wird albern und unsexy, wenn Sie über Ihre Situation Witze reißen und lachen. Ohnedies wird es nicht vieler Worte bedürfen. Mit Mimik und Gestik lässt sich viel ausdrücken. Seien Sie herrisch in der dominanten Rolle!

Gladiatoren treten martialisch auf – mit Muskeln bepackt, nur mit einem Lendenschurz und Schnürsandalen bekleidet, mit einem Speer und Netz oder einem Schild und Schwert bewaffnet. Schimmert die Haut von einer Lotion oder Öl wirken die Muskeln besonders imposant.

Spielen Sie diese Rolle nicht, wenn Sie blass, hager oder korpulent sind. Es gibt so viele andere Rollen zur Auswahl, die Ihnen besser stehen. Sie wollen doch, dass Ihre Herrin von Ihnen beeindruckt ist und sich danach verzehrt, von dem starken unerschrockenen Kämpfer genommen zu werden!

Natürlich darf ihr „Mann" davon nichts mitbekommen. Sie müssen sich also heimlich treffen, vorsichtig sein. Oder vielleicht wurden Sie zu einem Fest für die siegreichen Gladiatoren eingeladen, laben sich auf dem Sofa seitlich liegend – Entschuldigung, natürlich auf einer antiken Liege – und genießen kleine Köstlichkeiten. Bis der „Hausherr" in Ihrer Fantasie die römische Villa verlassen hat und die Herrin Sie schamlos zum Sex auffordert.

Zieren Sie sich ein wenig als Gladiator, seien Sie selbstbewusst und foltern Sie das zügellose Weib mit Ihrer Zunge, bis sie darum fleht, von Ihnen hart gefickt zu werden. In einer Stellung Ihrer Wahl, die auch für die Herrin ein wenig erniedrigend sein darf. Schließlich hat man als Gladiator auch seinen Stolz und übt eine gewisse Macht aus.

6.4 Polizist und Gefangene / Räuber und Gendarm / Pirat und blinder Passagier

Polizist und Gefangene – für dieses Rollenspiel sind die Handschellen das wohl wichtigste Accessoire. Der Polizist hat die Frau beim Klauen erwischt und stellt sie vor die Wahl. Entweder sie riskiert eine Anzeige oder sie ist ihm zu Willen. Da sie Angst davor hat, dass die Nachbarn oder die Kollegen in der Arbeit davon erfahren, willigt sie ein. Auf der

Wache, bei ihm zuhause oder ganz verrucht in der Tiefgarage eines Kaufhauses oder dem Hinterhof, wo sie ein Fahrrad entwenden wollte – ist sie bereit, sich züchtigen zu lassen oder ihm sexuell zu dienen.

Hat er ihr erstmal die Handschellen angelegt, ist es ihm freigestellt, ihre Brüste zu begrapschen oder ihr Höschen auszuziehen, sie übers Knie zu legen oder einen BlowJob zu verlangen. Wonach gelüstet es Ihnen als Schuldbegleichung?

Natürlich lässt sich auch die umgekehrte Variante spielen: Die Politesse muss den Verkehrssünder oder Verbrecher bestrafen … Eine enge weiße Bluse und ein dunkler Rock, dazu eine Kappe, die Haare streng zurückgenommen, eventuell ein paar Lederhandschuhe, dazu ein Block und Stift, schöne Schuhe, Lippenstift. Schon ist das sexy Politessenoutfit fertig. Fehlen nur noch ein paar Handschellen, damit Sie Ihr nicht weglaufen. Denn was wäre Ihnen lieber? Punkte in Flensburg und eine hohe Geldstrafe, beziehungsweise langweiliger Knast – oder doch lieber der raffinierten Politesse zu Willen sein?

Räuber und Gefangene – kann zu zweit oder auch mit mehreren Teilnehmern und Teilnehmerinnen gespielt werden, wenn Sie Gleichgesinnte kennen. Für die Räuber genügt es auf alte abgerissene Kleidung, eventuell eine Augenklappe, ein Stirnband oder einen Schlapphut zurückzugreifen.

Ein Räuber oder sogar eine wilde Räuberbande liegt im Wald auf der Lauer und entführt die zufällig vorbei kommenden Damen, die auf einem Ausflug oder beim Pilzesammeln sind. Vielleicht gibt es einen großen Garten, der nach außen nicht einzusehen ist, oder ein Waldstück, in das sich kaum jemand verirrt, um das Spiel dort recht realistisch aufzuziehen.

Die Damen werden gefesselt und begrapscht oder müssen sich sofort entkleiden, ihre Nacktheit präsentieren und werden unter den Bandenmitgliedern ausgelost. Es bleibt ihnen nichts anderes übrig, als den Männerwünschen nachzukommen, um ihr Leben zu retten.

Figuren, die einer früheren Zeit entspringen und zu gerne verfilmten Motiven gehören, regen unsere Fantasie an. Dazu gehören auch unerschrockene und wilde Piraten, die nach Monaten auf See kaum noch ihre Begierde beim Anblick einer Frau zügeln können.

Um der Enge des Elternhauses oder dem ungeliebten Ehemann zu entfliehen versteckt sich eine Frau auf einem Schiff, das sie möglichst weit weg bringen soll. Doch sie merkt nicht, dass sie sich auf einem Piratenschiff befindet, bis sie als blinder Passagier entdeckt und vor den Kapitän gezerrt wird.

Die Männer geifern danach, über sie herzufallen. Aber der Piratenhauptmann hat das Vorrecht und so nimmt er die Frau erstmal mit in seine Kabine, um die überraschende Beute ausgiebig selbst zu benutzen … Vielleicht verspricht er ihr die Freiheit am gewünschten Ankunftsort, wenn sie gefügig ist, und tut, was er verlangt. Ansonsten droht ihr das Schicksal als Fischfutter oder als Hure für seine Mannschaft zu enden.

Dieses Spiel lässt sich auch als Vergewaltigungsfantasie verwirklichen, wie im nächsten Kapitel beschrieben.

Dem blinden Passagier werden die Kleider herunter gerissen, bevor er auf die Planken geworfen oder über ein Fass gebeugt und dann hart genommen wird. Wobei der Pirat nur sein Geschlecht entblößt.

Nackt, geknebelt und mit Augenbinde versehen muss das Opfer dann warten, wie der Piratenkapitän weiter entscheidet … inzwischen wird es von der Mannschaft intim befummelt, beleckt, gekniffen, gezüchtigt, Wind und Wetter ausgesetzt.

6.5 Vergewaltigungs-/Gewaltfantasien

Es gibt Frauen (oder auch Männer), die von Vergewaltigungsfantasien heimgesucht werden und sich dafür schämen oder sich selbst nicht verstehen, warum sie so etwas Schreckliches erleben wollen – und es eigentlich nicht wirklich wollen. Überdenken Sie Ihre Fantasie im positiven Sinne. Ihnen kann nichts geschehen, weil es sich nur um eine spielerische Scheinvergewaltigung handelt.

Da Sie das Ausmaß dieser Fantasie mit Ihrem Partner besprechen und die Rahmenbedingungen abstecken, haben Sie im Gegensatz zum wirklichen Leben eine Art Sicherheitsnetz, das Sie auffängt. Denn wenn Ihnen danach ist, dann tun Sie es – und entscheiden dabei über Ort und Drehbuch.

Vielleicht träumen Sie diese Szene fast märchenhaft, indem Sie von einem König, oder einem Gott, einem Piraten oder sogar einem Alien entführt, eingesperrt und vergewaltigt werden. Soll er Ihnen auflauern und Sie zu Boden reißen? Oder Sie fesseln, über die Schulter werfen und als Beute verschleppen?

Mit ein paar Accessoires schlüpfen Sie und Ihr Partner in die entsprechenden Rollen. Verwenden Sie aussortierte Kleidungsstücke und Unterwäsche, die Sie sowieso entsorgen wollten und die Ihr Top Ihnen vom Leib reißen oder schneiden darf. Wie aufregend!

Eine Augenklappe und ein großer Hut oder ein Schal um den Kopf machen aus ihm einen Piraten. Bestimmt fallen Ihnen Accessoires für andere Rollen ein, je nachdem, was Ihrer Fantasie entspricht und Sie antörnt.

Oder Sie benötigen keinerlei Verkleidung, weil der Unhold Sie im Dunkeln überfällt und in einem spielerischen Kampf überwältigt, Sie fesselt und Ihnen die Augen verbindet, ehe er Sie in sein Zelt, seine Höhle oder auf sein Bett verschleppt, um sich genüsslich an Ihnen zu vergehen. Als wäre dieser sexuelle Akt ungewünscht und Anlass, dagegen anzukämpfen. Tatsächlich jedoch handelt es sich um eine für beide Partner extrem erregende Situation.

Falls Sie im Erdgeschoss wohnen, könnte der böse Einbrecher durchs Fenster oder die Terrassentür kommen, natürlich maskiert. Er ist bereit, auf Beute zu verzichten, falls die Wohnungsinhaberin bereit ist, sich ihm hinzugeben …

Diese kann auf zweierlei Art reagieren. Vielleicht ist sie zwar überrascht, aber auch sexuell ausgehungert und stürzt sich daher, für den Einbrecher unerwartet, direkt auf ihn. Oder sie spielt das wehrlose ängstliche Opfer und wird aufs Bett gefesselt oder über einen Sessel drapiert und dann hart penetriert. Natürlich lässt der Einbrecher dazu nur seine Hose herunter, denn er will im Notfall schnell flüchten können. Gerade diese Situation – einer nackt, der andere bekleidet – verstärkt das Dominanzgefälle.

6.6. Tierspiele/PetPartys u.ä.

Beim sogenannten Petplay findet eine Depersonalisierung als Mensch statt. Sub nimmt stattdessen die submissive Rolle eines Hundes, einer Katze, eines Pferdes oder anderen Tieres ein. Erotische oder überhaupt sexuelle Handlungen treten dabei meistens in den Hintergrund. Es geht in dieser Art von Spielen eher um Kontrolle und Kontrollabgabe, Macht und Machtlosigkeit.

Um sich wie ein Hund zu verhalten, muss man versuchen wie ein Hund zu denken, zu gehorchen, um Zärtlichkeiten zu buhlen, in einer befohlenen Position verharren, Befehle wie Sitz, Platz oder Fuß ausführen, oder auf allen vieren über den Boden robben. Oder sich auch nicht zivilisieren lassen, sondern sich von Regeln, die das Leben von Menschen einengen, befreien und sich entsprechend wild und unerzogen geben. Was wiederum zu strengen Erziehungsmaßnahmen führen kann.

Zum Tierleben gehören Halsband und Leine, ein Ball zum Apportieren, sowie der Wasser- und Futternapf, aus dem die Mahlzeiten geschlabbert werden - die Reste von Herrchens Teller. Kaufen Sie die Utensilien in einer gewöhnlichen Tierhandlung ein, dort finden Sie alles was Sie brauchen, können sich in Ihre baldige Rolle hineindenken und haben bestimmt viel Spaß beim Stöbern. Auch im SM-Handel finden Sie Accessoires, beispielsweise einen geeigneten Maulkorb.

Eine gepolsterte Beißstange oder Zaumzeug mit Scheuklappen für Ihr Pony finden Sie ebenfalls im SM-Shop. Alles andere bleibt wieder Ihrer Fantasie überlassen, ob das Pony nackt bleiben soll, einen Kopfschmuck mit Federn wie im Zirkus tragen soll, Stiefel mit Hufattrappe oder einen Buttplug mit Pferdeschweif.

Erfahrene Ponyplayer werden auch vor spezielle Sulkys gespannt, um ihren Herrn über den Platz zu ziehen. Es gibt sogar Sättel, die man über den menschlichen Ponyrücken legen kann – nur reiten sollte man darauf nicht!

Wenn Sie einen Hund mimen, dann üben Sie wie ein solcher zu hecheln, so dass es sexy wirkt. Am besten vor einem Spiegel. Außerdem sollten Sie laut über den Boden schnüffeln oder mit dem Schwanz wedeln können, unabhängig davon, ob Sie nun einen entsprechenden Analplug mit Hundeschwanz tragen oder schwanzlos sind und nur mit dem Po wackeln.

Hundesendungen im Fernsehen bringen Input für typisches Verhalten der Vierbeiner, von dem Sie sich einiges abschauen können.

6.7 Bartänzerin, Sklavenmädchen, bezaubernde Jeannie

Mittels eines sexy BH's und String sowie ein paar durchsichtigen Tüchern oder eines Pareos oder auch einer transparenten weiten Hose werden Sie zu einem ansehnlichen Sklavenmädchen, mit ein bisschen Schleier unterhalb der stark geschminkten Augen zu einer Haremsdame oder einer sympathischen Hexe à la bezaubernde Jeannie.

Hotpants oder Minirock und Top aus Stoff mit Glitter oder Pailletten machen aus Ihnen eine attraktive Bardame oder Tänzerin, alle „Figuren“ jederzeit bereit, ihre Verführung mit einem Striptease zu starten.

Bevor Sie das erste Mal vor Ihrem Partner strippen, sollten Sie das unbedingt vor einem Spiegel üben, damit Ihre Bewegungen flüssig und geschmeidig zur Wirkung kommen und Sie sich nicht möglicherweise in der Kleidung verheddern.

Suchen Sie sich zunächst eine Musik aus, zu der Sie sich gut bewegen können und von der Sie wissen, dass er diese mögen wird.

Um sexy und verführerisch zu wirken achten Sie auf die Reihenfolge, in der Sie sich entkleiden. Fangen Sie mit der Oberbekleidung, beispielsweise einer Bluse, Top oder dem Pareo an. Passend zur Musik knöpfen Sie die Bluse langsam auf, drehen sich dabei, wiegen die Hüften sanft im Rhythmus und schieben dann den Stoff über die Schultern herab.

Öffnen Sie nun Rock oder Hose (sofern Sie dies tragen), und drehen Sie Ihrem Partner den Rücken zu, während Sie das Kleidungsstück langsam über Ihren Po nach unten schieben, aber nur bis zur Pospalte. Werfen Sie Ihrem Top einen Blick über die Schulter zu, ehe Sie den Stoff gänzlich über den Po streifen und fallen lassen. Vielleicht gelingt es Ihnen sogar, dass das Kleidungsstück mit ein wenig Powackeln von selbst ins Rutschen kommt und herabsinkt. Räkeln Sie sich, streichen Sie mit den Fingern Ihre Beine entlang, oder auch nach oben über Ihre Brüste. Halten Sie dabei Blickkontakt – schüchtern, herausfordernd oder verführerisch, ganz so, wie Sie sich fühlen oder gesehen werden wollen.

Betrachten Sie sich im Spiegel und überlegen Sie, womit Sie weitermachen wollen und auch, ob Sie am Schluss völlig nackt vor Ihrem Herrn stehen wollen, oder noch mit wenigem wie Strümpfen und High Heels bekleidet. Manchmal ist ein Hauch von Kleidung sexier als gar nichts zu tragen.

Es liegt völlig an Ihnen, welche Kleidung und Rolle Sie für das Spiel in Ihren eigenen vier Wänden bevorzugen. Auf SM-Partys hingegen ist meistens ein bestimmter Dresscode erwünscht und sorgt für die Gruppenidentität. Erkundigen Sie sich rechtzeitig, bevor Sie dort erscheinen. Falsche Kleidung wird häufig nicht toleriert oder Sie fallen zumindest unangenehm auf. Auf privaten SM-Partys ist die Bekleidung oft freigestellt, aber auch hier ist es nicht verkehrt, nachzufragen.

7. Fesselspiele

Was ist so aufregend daran, gefesselt zu werden? Ist es nicht beängstigend und gefährlich, sich derartig auszuliefern?

Nein. Es handelt sich hierbei um die bewusste Abgabe jeglicher Selbstkontrolle im Rahmen eines erotischen Spiels. Das Loslassen von eigenen Entscheidungen, und sich voller Vertrauen dem aktiven Partner überlassen.

Das kann ungeheuer erotisch sein. Gerade weil es nichts mit Ihrem Alltag zu tun hat. Wenn es also eine Ihrer Fantasien ist, hilflos hinnehmen zu müssen, was Ihre Herrschaft mit Ihnen anstellt (im Rahmen Ihrer Absprachen), dann sind Sie hier genau richtig für unsere Empfehlungen.

Fesselspiele können auch – oder vor allem – Rollenspiele sein, mit dem Schwerpunkt auf dem Durchleben und Ausführen der gewählten Rollen. Dafür sind nicht gezwungenermaßen SM-Möbel erforderlich.

Wenn es Ihnen nach einem Rollenspiel à la Polizist und Diebin gelüstet, benötigen Sie natürlich Handschellen, um die Gefangene abzuführen. Sie erwischen die Diebin inflagranti, wie sie einen fremden Geldbeutel ausleert ... Grund genug, zuzugreifen und sie dingfest zu machen.

Ein Andeuten der Gefängnissituation mit gespannten Stricken genügt vielleicht schon, wenn Ihre Fantasie für den Rest sorgt ...

Oder simulieren Sie eine Gefängnissituation, beispielsweise wenn Sie Gelegenheit haben, in einem Keller zu spielen, der mit abschließbaren Abteilen ausgerüstet ist. Sie könnten von der Diebin einen Striptease verlangen, während Sie es sich draußen auf einem Stuhl bequem machen.

Als Räuber im Wald überfallen Sie eine Pilzsammlerin oder

Radfahrerin, und ziehen diese quer durch das Unterholz hinter sich her, nachdem Sie ihr mit einem Strick die Hände gefesselt haben. Um Weglaufen zu verhindern können Sie die Füße mit einem Strick so fesseln, dass nur noch kleine Schritte möglich sind.

Gut wenn man ein paar alte, ungeliebte Kleidungsstücke aufgehoben hat. Jetzt dürfen Sie diese Ihrem Opfer herunterreißen oder -schneiden und die Ärmste im Rahmen einer Vergewaltigungsfantasie ungezügelt rannehmen.

Und auch bei der Art der Fesselung können Sie Fantasie beweisen: Es eignen sich nicht nur Seile, Ketten oder Handschellen, sondern auch Kabelbinder (nicht zu fest machen!), Seidenstrümpfe, ein Schal oder der BH Ihres „Opfers". Sie sehen: *Es kann also auch mal ganz ohne SM-Möbel spannend zur Sache gehen.*

7.1 Die bekanntesten Varianten

Die bekanntesten Möglichkeiten, jemanden zu fesseln, sind wohl ein einfaches Seil oder ein Paar Handschellen. Es ist nichts Ungewöhnliches, dass diese beiden Ausstattungsstücke nicht nur so gut wie in jedem SM-Haushalt zu finden sind, sondern auch bei den Paaren, die eher Vanillasex praktizieren. Diese Art von Fesselspielen wird auch bei „normalen" Paaren gerne als Abwechslung praktiziert und lässt sich mit entsprechenden Kombinationen vielfältig einsetzen. (Ich denke spontan an Wachs, Eis, Schläge, Federn und sonstige „softere" Spielmöglichkeiten.)

Natürlich muss es kein Seil sein und keine Handschellen, man kann auch ein langes Stück Stoff oder einen Schal verwenden. Auch Plastikfolie eignet sich gut und sieht abwechslungsreich aus.

Apropos: Plastikfolie kann man auch nutzen, um jemanden beinahe komplett zu fesseln und darin einzuhüllen. (Achten Sie aber darauf, dass die Atemwege frei bleiben und Sie Ihr „Opfer“ bei etwaigen Problemen auch rasch wieder ausgepackt bekommen.)

Wer es ein wenig „stilechter“ mag als mit einer schnöden Plastikfolie, dem kann ich (Stahl)ketten empfehlen, gerne mit entsprechendem Verschluss. Mit denen fühlt man sich gleich wie in einem echten Folterkeller :-)

Merke: Bei all diese Varianten hat man die Möglichkeit, nur den Sub als solches zu fesseln, oder ihn an etwas anderem zu fixieren – ganz nach Belieben.

7.2 SM-Fesseln

Neben den gängigen Fesseln wie Seil, Handschelle, Kabelbinder (mit Vorsicht anzuwenden!),(Stahl)kette oder Folie, bei denen man sich überlegen muss, wie man sein „Opfer“ fesselt oder ob man es an einem Objekt fixiert, kann man im Fachgeschäft spezielle Fesseln kaufen, die einem einen großen Teil dieser Arbeit abnehmen.

Fixierfesseln
Es gibt sogenannte Fixierfesseln in allen möglichen Varianten. Der Vorteil dieser Profi-Fesseln ist die Polsterung und die leichte Lösbarkeit. Die meisten sind mit einem Klettverschluss versehen, den Sub mit ein wenig Ehrgeiz in einem Notfall auch selbst öffnen kann. Auch das Thema des Abschnürens und der zu festen Fesselung hat man so ohne große Probleme umgangen.

Ein Nachtteil ist natürlich der Preis, ein weitere, dass diese Fesseln unflexibel sind. Die meisten von ihnen erlauben nur eine Art der

Fesselung, schließen damit aber gleichzeitig alle anderen aus.

Spreizfesseln

Auch diese bekommt man im Fachhandel, üblicherweise handelt es sich um eine Spreizstange, deren Länge fix oder flexibel ist. Im Gegensatz zu einigen Fixierfesseln sorgen Spreizfesseln dafür, dass die „interessanten" Stellen des Sub bei der Fesselung so freigelegt werden (müssen), dass der Dom jederzeit freien Zugang zu ihnen hat und sie „bespielen" kann.

Zwangsjacke

Eine echte Zwangsjacke bekommt man ohne große Probleme im Fachhandel oder auch Online. Sie dient der Fesselung des Oberkörpers und macht gerade im Rollenspiel sehr viel Spaß.

Durch diese Teilkörperfesselung ist Sub noch in der Lage zu gehen und einige Aufgaben zu erledigen, die nicht unbedingt Hand- oder Armarbeit voraussetzen. (Siehe Strafen 8.6)

Fesselsack

Im Gegensatz zur Zwangsjacke dient der Fesselsack dazu, jemanden komplett einzuhüllen und zu fixieren. Meist ist ein Fesselsack so gestaltet, dass die primären Geschlechtsteile des „Opfers" nicht zugänglich sind. Man muss sich also andere, spannende Spiele ausdenken – oder kann sich auf wunderbaren Oralverkehr freuen.

Sling oder Liebesschaukel

Eine Liebesschaukel besteht meistens aus einem Gurtsystem, das von der Decke hängt oder in einem speziellen Gestell befestigt ist. Grundsätzlich sind solche Liebesschaukeln für alle erwachsenen Spieler geeignet, die einfach mal ungewöhnliche Sexstellungen ausprobieren möchten. Sie werden daher auch von Paaren genutzt, die „nur" sogenannten Vanillasex praktizieren.

Während die Beine sicher und bequem in weich gepolsterten Ledermanschetten liegen, sitzt oder lehnt der Bottom entspannt in einer Ledermatte. Der Top hat freien Zugang auf alle Körperteile, kann seinen Partner also stehend von vorne oder hinten penetrieren, ganz wie es ihm gefällt. Dabei obliegt es ihm auch, das Schaukeln in seine Aktivitäten einzubeziehen oder die Schaukel festzuhalten.

Häufig gibt es auch die Möglichkeit zur Fixierung des Partners an der Schaukel, indem O-Ringe angebraucht sind und Beinschlaufen. So sitzt der Bottom zwar bequem, ist aber auch hilflos ausgeliefert.

Um die Schaukel sicher von der Decke abzuhängen, bedarf es eines äußerst stabilen Hakens. Stellen Sie sich nur vor, was für eine üble Sache es wäre, wenn die Schaukel zusammen mit Ihnen und Ihrem Partner abstürzt. Ist alles gut vorbereitet, steht dem Genuss jedoch nichts mehr im Wege.

Derselbe Haken, der für die Benutzung der Schaukel fest in der Decke verankert ist, kann auch verwendet werden, um Sub mit nach oben gestreckten Armen zu fixieren. Ein paar Handgelenksmanschetten mit Kettengliedern genügen dafür, und schon kann es losgehen. Eine Spreizstange zwischen den Fußgelenken ist auch nützlich und kann das Gefühl der Hilflosigkeit noch verstärken.

7.3 Fixiermöbel und Spezielles

Andreaskreuz

Den Begriff des Andreaskreuzes sollten Verkehrsteilnehmer als Kennzeichnung eines Bahnübergangs kennen. Zwei weiße Balken mit roten Enden, die diagonal überkreuzt sind. Ursprünglich stammt die Bezeichnung aus dem Neuen Testament, benannt nach dem Apostel Andreas, der durch die Kreuzigung an einem X-förmigen Kreuz zu Tode gekommen sein soll. Soviel zur Herkunft des Namens.

Das im BDSM genutzte Andreaskreuz in Menschengröße hat ebenfalls diese X-Form. Es besteht meist aus Holz oder Metall, ausgestattet mit einer Polsterung und verfügt über viele Riemen und

Ösen für die Fixierung. Der Vorteil in der Verwendung besteht zum einen darin, dass der submissive Partner sicher daran gefesselt werden kann, mit gespreizten Beinen und erhobenen Armen, so dass jegliche Gegenwehr ausgeschlossen ist. Zum anderen hat der Top freien Zugang auf alle Körperzonen, sei es für zärtliche Berührungen, lustvolle Folterungen oder ein ausgiebiges Spanking. Für den Sub bedeutet es, eine Stellung einzunehmen, die sicheren Stand verspricht und daher auch lange auszuhalten ist. Dafür ist auch die Polsterung gedacht. Da die Füße sicher auf dem Boden (oder angebrachten Platten) stehen und so das Gewicht des Körpers tragen, besteht kein Gesundheitsrisiko wie bei einer echten Kreuzigung, bei der einem das eigene Gewicht die Luft im Brustkorb abschnürt.

Neben dem normalen Andreaskreuz mit sicherer Wandmontage gibt es auch freistehende und klappbare Andreaskreuze auf einer Bodenplatte und sogar drehbare, die sich manuell oder elektrisch 360° um die eigene Achse drehen lassen.

Der Genuss der Verwendung dieses SM-Möbels ist für beide Partner gleichermaßen gegeben, wie Sie sich bestimmt vorstellen können.

Streckbank

Bei der *Streckbank* handelt es sich ursprünglich um ein Foltergerät aus dem Mittelalter. Die Delinquenten wurden zur Erpressung von Geständnissen mit über den Kopf ausgestreckten Armen und nach unten gezogenen Beinen ausgestreckt gespannt. Durch Betätigen einer Kurbel wurde die Spannung verstärkt. Dabei nahm man das Auskugeln von Gelenken oder Brechen von Knochen billigend in Kauf.

Nun, uns geht es ja hier um Lust, nicht um Gewalt – wenngleich das Spiel schon den Charakter von Angst und Folter haben darf. Sonst wäre es ja kein Rollenspiel.

Zunächst die einfachste Variante. Wie schon an anderer Stelle erwähnt, bekommt man eine aufklappbare und einigermaßen stabile Massageliege für unter 200 Euro zu kaufen. Diese lässt sich platzsparend verstauen, aber ebenso mit wenigen Handgriffen sekundenschnell zum Spielen aufbauen.

Sub kann mit ein paar Gurten daran gefesselt werden oder Sie kaufen ein Fesselgeschirr und ziehen es unter der Bank durch, um Sub dann die damit verbundenen Manschetten anzulegen. Geht es nur darum, die Kontrolle zu übernehmen und dieses Spiel ab und an durchzuführen, genügt diese Ausstattung vollkommen. In der Regel kann man die Länge der Gurte mit wenigen Handgriffen anpassen, so dass eine ausreichende Spannung gegeben ist.

Für ein mittelalterlich angehauchtes Spiel und eine Folterung durch einen Inquisitor bedarf es allerdings eher eines SM-Möbels, das einer Folter- oder Streckbank entspricht. Mit Geschick lässt sich so etwas anhand von Online-Anleitungen selber bauen, oder kann gekauft werden oder in SM-Clubs genutzt. Ein bisschen optische Strenge für den Inquisitor kann auch nicht schaden, um die Situation zu unterstreichen. Natürlich ist schwarze Lederkleidung immer passend. Aber lassen Sie sich doch auch von Mittelalterfilmen inspirieren. Mit ein paar Accessoires reisen Sie in der Zeit zurück. Vielleicht kennen Sie auch jemanden, der geschickt im Nähen ist oder finden zu Fasching ein Kostüm, das dem gewünschten Look nahe kommt.

Was das Spiel selbst betrifft, weisen wir ausdrücklich darauf hin, dass diese Maßnahme viel Fingerspitzengefühl und unbedingten Blickkontakt erfordert – denn Sie wollen Ihrem Gefangenen ja nicht wirklich Gelenke ausrenken oder andere Schäden zufügen. Was den Lustfaktor für Sub betrifft, ist es unglaublich aufregend, auf diese Weise ausgeliefert zu sein und jegliche Art der Lustfolter annehmen zu müssen – ähnlich dem Stehen am Andreaskreuz, vielleicht sogar noch mehr.

Stellen Sie sich bildlich vor, wie der Inquisitor (oder der einfache, gemeine Folterknecht im Auftrag des Inquisitors) den hilflosen Körper mit Wachs oder Eis foltert, Nippelklemmen anbringt, die Peitsche tanzen lässt oder aber seine Finger unverschämt über die erogenen Zonen streichen ... Oder eine edle Dame hat den Inquisitor bestochen, ihr das Opfer zu überlassen, damit sie an diesem ihre heimliche sadistische Ader ausleben kann. Dazu gehört auch, den Schwanz ihres

Opfers nach ihrem Belieben zu reiten oder sich über sein Gesicht zu setzen und von unten lecken zu lassen. Wobei es für *Facesitting* anstelle einer Liege auch spezielle *SM-Stühle* oder *-sessel* gibt, die eine Aussparung haben. Sub liegt unter dem Möbel, mit dem Gesicht direkt unter der Aussparung. Dom oder Domina sitzt bequem darüber, ohne Sub mit dem Körpergewicht zu belasten. So halten beide diese Stellung länger aus.

Aber es geht auch noch mehr. Eine echt gemeine Steigerung und nur für wirklich hartgesottene Subs geeignet ist der *Spanische Reiter* oder das *Spanische Pferd*. Damit bezeichnet man eine spezielle Folterbank aus der Zeit der Inquisition, mit einem nach oben zugespitzten keilförmigen Querholz, auf dem der Bottom mit gespreizten Beinen fixiert sitzt.

In der Regel ist das Pferd so hoch, dass der Sklave mit den Füßen nicht den Boden berühren kann, wodurch das gesamte Körpergewicht auf der Kante lastet und diese sich in die Genitalien presst.

Manche Pferde verfügen über einen verbreiterten Sitz mit Polsterung, der das Sitzen erträglicher gestaltet, so dass es über längere Zeit auszuhalten ist. Diese stellen häufig auch einen Dildo zur Verfügung, auf dem der Sklave oder die Sklavin in Vagina oder Anus gepfählt wird. Wieder andere Ausführungen quälen jedoch mit spitzen Nieten oder Kerben, die im blanken Balken eingelassen sind. Der Druck auf den Intimbereich ist dann so groß, dass das Opfer Folterspiele auf dem Strafbock kaum ertragen kann und zu jedem Geständnis bereit sein wird, um dieser Qual bald wieder zu entrinnen.

Bei der inquisitorischen Folterung der dunklen Vergangenheit wurde der Druck auf den Schambereich des Opfers noch verstärkt, indem man dem Opfer schwere Gewichte an die Füße hängte und die Arme streng auf den Rücken fesselte, so dass ein Abstützen und Entlasten nicht möglich war. Ganz so übel soll es bei Ihrem Rollenspiel vermutlich nicht zugehen, sondern doch eher in Richtung *Lust*folter, indem Sie beide in Zeit und Spiel eintauschen, um Spaß und Erregung dabei zu empfinden.

Gynäkologenstuhl
Selbstverständlich gehört auch der Gyn-Stuhl zu der Ausrüstung. Aber ich denke, er muss an dieser Stelle nicht näher beschrieben werden, da er oft genug im „normalen“ Alltagsleben vorkommt :-)

7.4 Hodenfesseln

Es gibt verschiedene Varianten der Hodenfesseln. Solche, die den Orgasmus verzögern sollen, beziehungsweise die Erektion länger halten sollen und die Fesselungen, die eine Erektion verhindern sollen.

Diese Vorrichtungen können aus Plastik sein, aus Leder oder Metall, sie können mit einem elektrischen Stimulus versehen sein oder eben nicht.

Ein Penis-Cage ist eine Art „Keuschheitsgürtel für den Mann“. Der Penis wird hineingelegt und der Käfig wird festgeschnallt. Als Spielvariante ist hier tatsächlich das heiß machen und nicht kommen lassen optimal, da der Mann durch seine eigene mangelnde Selbstkontrolle (oder die Fähigkeiten der Frau), bestraft wird. Denn selbstverständlich ist es nicht angenehm, wenn der Penis gegen sein Gefängnis drückt.

Ein Penisring (Cockring) oder Hoden-Bondage soll den Penis länger steifhalten und den Orgasmus intensivieren. Oft sind diese Vorrichtungen auch mit einem Stimulus für die Partnerin versehen, so dass sie gleich doppelt etwas davon hat.

Zu bedenken gibt es in letzterem Fall, dass das Bondage nicht zu eng anliegt und dass es zeitlich begrenzt eingesetzt werden sollte, da es sonst zu Komplikationen kommen kann.

7.5 Pranger, Sklavenbox

Für die Belehrung unartiger Sklaven verwendet man auch einen *Pranger.* Insbesondere wenn man in einem SM-Club oder auf einer SM-Party spielt, bietet es sich an, den Ungehorsam und die daraus resultierende Bestrafung des Sklaven öffentlich zur Schau zu stellen.

Es gibt verschiedene Arten von Pranger, deren Ursprung geschichtlich weit zurückzuverfolgen ist:

Zunächst einmal kann man *Stand-* oder *Spankingpranger* einsetzen. Bei diesem werden Hals und Handgelenke des Delinquenten in einem klappbaren Querbalken eingeschlossen. Leicht nach vorne gebeugt wartet der Sklave nun auf seine Bestrafung wie angenehme oder unangenehme Berührungen, Eis oder Wachs, Spanking, Auspeitschen oder die sexuelle Benutzung. Auch das Warten kann zur Qual werden, wenn der Sklave nicht weiß, was und wann dies auf ihn oder sie zukommt.

Der BDSM-Handel vertreibt solche Pranger auch mit einer Halterung für Dildos oder Analplugs ausgestattet, so dass auf diese Weise eine Fixierung und Verschließung von Sklavin oder Sklave stattfinden kann.

Dann gibt es noch sogenannte *Bodenpranger* zum Fixieren in kniender Position. Diese bieten teilweise Erweiterungsmöglichkeiten für die Verwendung als Fickmaschine. Letztlich ist dies alles nur eine Frage der persönlichen Vorlieben und des Geldbeutels, wenn man sich ein solches Gerät privat anschaffen möchte.

Für zuhause ist statt eines Prangers eher ein *Sklavenkäfig* oder eine *Sklavenbox* für die Bestrafung und Kontrolle des Sklaven geeignet.

Sklavenkäfige sind meistens aus Metallstäben gefertigt und so eng, dass der Körper davon unbeweglich gemacht umschlossen wird. Es gibt sie zum Knien, Stehen oder Sitzen. Auf Bestellung bekommt man sie auch zerlegbar, damit man sie bei Nichtgebrauch platzsparend und unauffällig verstauen kann.

Bei der *Sklaven-* oder *Dunkelbox* handelt es sich wiederum um eine Steigerung, nämlich um eine geschlossene Kiste aus Holz oder Metall, in welche der Sklave eingesperrt wird. In der Regel ist die Größe so knapp bemessen, dass es dem Eingeschlossenen nicht möglich ist, seine Position zu verändern. Meistens sind nur Öffnungen zum Atmen, sowie für Mund oder Füße vorhanden, ansonsten ist die Kiste absolut dicht. Also nichts für Leute, die im Dunkeln Angst haben oder unter Klaustrophobie leiden! Aber selbst wenn einem dies nichts ausmacht und auch wenn wir uns hier wiederholen: überlegen Sie, ob Ihr Sklave sich per Safeword oder über welche andere Maßnahme im Ernstfall bemerkbar machen und das Spiel abbrechen kann!

Zusätzlich kann im Inneren der Kiste eventuell noch Zubehör wie ein Dildo oder anderes angebracht werden.

7.6 Bondage

Mit dem Oberbegriff „Bondage" bezeichnet man verschiedene Fesselpraktiken.

Man kann sein „Opfer" fixieren, es dazu zwingen, passiv zu sein, aber man kann damit auch eine ganze Inszenierungsmöglichkeit abdecken. Nehmen Sie sich vor einer Session unbedingt die Zeit herauszufinden, was Ihr Partner unter „Bondage" versteht. Vielleicht erwarten Sie sonst zu einem Kunstwerk verschnürt zu werden, während er sie lediglich mit einem Schal ans Bett fesselt. Genauso ernüchternd kann es sein, wenn der andere plötzlich ein zwanzig Meter langes Seil herauskramt, Sie aber ficken wollen. Jetzt. Sofort.

Wenn ich Bondage höre und davon spreche, meine ich unbedingt ein Seil/mehrere Seile (weiche, dicke Seile) und Knoten. Wunderschöne Knoten. Und die Kunstfertigkeit, jemanden so zu fesseln, dass es auch noch ästhetisch wertvoll ist :-)

Bondagebett

Wie schon beschrieben handelt es sich bei Bondage um den Einsatz von Seilen, Gurten, Ketten oder andere Hilfsmittel, um den Bottom zu fesseln. Dies kann mit viel Zeitaufwand und Muße geschehen, wenn das Vollziehen der Fesselung als solches im Vordergrund steht und am Ende beinahe den Status eines Kunstwerkes einnehmen sollen. In vielen Fällen dient Bondage aber einfach der Fixierung, damit Top mit seinem passiven Partner machen kann, was ihm so einfällt. Und dies kann durchaus im heimischen Schlafzimmer geschehen.

Prinzipiell kann man aus fast jedem Bett eine Art von *Bondagebett* machen, indem man die Gurte eines Fesselgeschirrs unter dem Bett oder der Matratze hindurchzieht. Solche Fesselgeschirre mit langen Bändern – in der Regel aus synthetischem Material – sind kostengünstig erhältlich. Klettfesseln mit breiten Manschetten, die die Handgelenke schonen, sind schnell anzulegen und auch wieder abzunehmen.

Soll die Ausführung edler und aus Leder sein, die Manschetten abschließbar, so müssen Sie ein bisschen mehr investieren. Dafür ist der optische und spielerische Reiz aber auch etwas größer.

Heimische Betten mit Metallgestell eignen sich hervorragend zum Anbringen von Schals oder anderen Fesseln an Kopf- und Fußende, insbesondere auch für die Verwendung von Handschellen. Diese gibt es auf Wunsch mit Verlängerung durch Ketten und Karabinerhaken, so dass eine bequemere Position eingenommen werden kann, als wenn Sub eng mit den Handgelenken am Gestell hängt.

Mehr Möglichkeiten bietet ein richtiges *Bondagebett* oder *-liege*. Dies ist eine Fixierliege, stabil gebaut und nicht quietschend bei Beanspruchung (!), an der jede Menge Gurte befestigt sind. Der menschlichen Anatomie folgend, sind die Riemen – meistens aus Nappaleder gefertigt – für die Körpermitte länger, an den Extremitäten kürzer und sorgen für die effektive Ganzkörperfixierung. Da es viele Riemen gibt, ist die Fixierung absolut ausbruchssicher. Arme und Beine nehmen dabei eine gespreizte, aber nicht unbequeme Position ein, um der Herrschaft freien Zugriff auf alle Körperbereiche zu gewähren.

Solche Betten stehen in SM-Clubs zur Verfügung. Wer Platz hat, kann es sich auch zuhause aufstellen oder wählt doch besser die einfachere und unauffälligere Variante als zusammenklappbare

Bondageliege.

Soll es einen beidseitigen Zugriff geben, zugleich aber auch eine optimale Fesselung erreicht werden, kommt auch ein *Bondagenetz* in Frage. Dieses sieht aus wie ein überdimensionales Spinnennetz, indem Sub gleich einem gefangenen Insekt in der Fesselung verstrickt hängt. Das Netz wird dabei über Boden- und Deckenanker vertäut oder ist (wesentlich praktischer) in einem fertigen Rahmen zum Aufstellen gespannt.

7.7 Selbstfesselung

Wie beim Tunnelspiel gibt es auch autoerotisches Bondage, d.h. es gibt nur einen einzigen ausführenden Part.

Für diese Selbstfesselung kann es verschiedene Gründe geben, sei es die spontane Lust, ein Fetisch, oder weil man eine telefonische Anweisung von seinem Dom bekommen hat.

Dabei muss man sich aber, genau wie beim Tunnelspiel, des Risikos bewusst sein und Vorsichtsmaßnahmen treffen. Stellen Sie also sicher, dass Sie sich selbst befreien können und alle möglichen Gefahrenquellen (Herd, Haustier etc.) ausgeschaltet oder außer Weite sind.

Achten Sie auf Ihren Hals und alle Punkte, an denen Sie Ihren Puls mit dem Finger erfühlen können – dorthin gehören keine Seile oder Fesseln!

Es kann immer zu unvorhergesehenen Zwischenfällen kommen, also fesseln Sie sich niemals so, dass Sie sich selbst strangulieren können. Wenn Sie erst einmal ohnmächtig „in den Seilen hängen", stehen die Chancen gut, dass Sie wie der Sänger der Band INXS enden!

Merke: Selbstfesselung ist sehr gefährlich und sollte unter Aufsicht geschehen oder so, dass regelmäßig geprüft wird, ob man noch in Ordnung ist.

8. Strafen

Alles aus den Punkten 2, 4, 5, 6 und 7 kann auch zur Strafe umfunktioniert werden. Aber was ist eigentlich eine Strafe? Wie wird sie eingesetzt und sollte es feste Regeln inklusive der dazugehörigen festen Strafe geben?

Leider – oder zum Glück – ist dies einer der Punkte, die man nicht pauschal beantworten kann, denn es hängt sehr von der Partnerschaft und dort gepflegten Regeln und Umständen ab.

Es gibt Paare, die viele feste Regeln haben und die entsprechenden Strafen, es gibt andere, die haben zwei bis drei feste Regeln. Dazu kann zum Beispiel die ständige Erreichbarkeit des Sub gehören, der bei entsprechendem Fehlverhalten dann mit zwei Schlägen auf Füße oder Po bestraft wird.

Andere sind flexibler, was die Regeln, aber auch die Strafen anbelangt. So kann Dom schon einmal etwas „übersehen", was er sonst nicht tolerieren würde, oder frei und ohne Angaben von Gründen strafen. Letzteres kann ein Vorteil sein, ich persönlich halte es für wichtig, die Gründe zu nennen (nicht zu diskutieren!), da es ja auch in gewissem Maße um Erziehung geht.

Allgemein gültige Regeln sollten so gestrickt sein, dass sich Sub auch an sie halten kann, damit sich Sub nicht unfähig vorkommt. Deswegen muss auch der Dom ein wenig flexibel sein können. Wenn die Regel lautet, dass das Essen um siebzehn Uhr auf dem Tisch zu stehen hat, aber gerade drei von fünf Kindern Brechdurchfall haben oder die Schwiegereltern zu Besuch sind, wäre es unsinnig, sich an diese Regel zu halten.

Sub sollte immer das Gefühl haben, ein gutes Sub zu sein.

Natürlich gibt es auch Situationen, in denen Dom eine Strafe provozieren möchte. Dies sollte aber Abseits der allgemein gültigen

Regeln erfolgen, um die Erziehung nicht zu gefährden und das Selbstvertrauen von Sub nicht anzukratzen.

Des Weiteren kann es feste Strafen für diese Regeln geben, aber sie sollten sich vielleicht auf drei der wichtigsten Punkte beschränken. Ein frei festlegbares Strafmaß ist allein schon wichtig, falls dieselbe Regel in kurzer Zeit zweimal gebrochen wird. Dann ist beim zweiten Mal eine höhere Strafe anzuwenden, als beim ersten „Vergehen".

Strafen können sich aus unterschiedlichen Komponenten zusammensetzen. So gibt es zum einen die körperlichen Strafen (z.B. Schläge), die materiellen (z.B. Kleidungsverbot) und die geistigen (z.B. Fernsehverbot, wenn gerade die Lieblingsserie läuft).

Festzuhalten ist aber an dieser Stelle, dass eine Strafe auch wirklich immer eine Strafe sein sollte. Deswegen muss sie über das Maß des Genießens hinausgehen. Was an einem Tag als Belohnung eingesetzt wird, kann am nächsten Tag durchaus als Strafe empfunden werden!

Der Fantasie sind da kaum Grenzen gesetzt, man kann zum Beispiel Sub in eine Rolle „zwingen" oder dazu, das Bügeln zu übernehmen (nicht nur, wenn der eigene Wäscheberg die Höhe des K2 erreicht hat), sondern auch einfach mal so, nackt und mit High Heels.

8.1 Tunnelspiele

Ein Tunnelspiel ist ein BDSM-Spiel, welches einmal begonnen, nicht mehr gestoppt werden kann.

Damit widerspricht es im Grunde sämtlichen SM-Regeln. Zum Beispiel der, die besagt, dass ein Spiel jederzeit mit Hilfe eines „Safewords" abgebrochen werden kann. Aber auch der, dass ein Spiel immer innerhalb der Grenzen des Sklaven stattfinden muss.

Ein Tunnelspiel jedoch kann über diese Grenzen hinausgehen, weswegen man sich gut überlegen muss, ob man solche Spiele praktizieren möchte.

Stellen Sie sich einfach mal vor, Sie fahren mit dem Auto durch einen engen Tunnel. Aussteigen ist unmöglich, weil Sie die Türen mangels seitlichem Platz nicht öffnen können. Und selbst wenn es Ihnen gelänge auszusteigen, so gäbe es keinen Ausstieg nach oben. Sie sind in dieser prekären Lage gefangen und geraten möglicherweise in Panik. So funktioniert das auch bei einem Tunnelspiel.

Zwar gibt der Sklave im Vorhinein sein Einverständnis in das Nichteinvernehmliche (Consensual Non-Consent, kurz CNC) und damit seinem Dom die Erlaubnis, das Tunnelspiel zu starten. Jedoch kann dies unvorhersehbare psychische oder physische Folgen haben.

Aber die Gefahr, über die eigenen Grenzen hinausgeführt zu werden, ist bei Weitem nicht die einzige. Denn es bestehen zudem rechtliche Risikofaktoren (Sub hat erst die Einwilligung gegeben, es sich aber mittendrin anders überlegt und Dom kann nicht stoppen, so dass sich Sub nun betrogen fühlt und Dom verklagt). Aber auch gesundheitliche Risiken (z.B. bisher unbekannte Allergie gegen Minze, die man sich aber leider schon auf die Schleimhaut geschmiert hat). Das Einreiben der Haut oder der Genitalien mit Pflanzen wie Ingwer oder mit mentholhaltigen Salben wie Wick Vaporub oder Tigerbalsam kann ein Brennen und Wärme erzeugen, die erst nach einer gewissen Zeit wieder abflauen. Manche Menschen können auf die Anwendung mit Kreislaufproblemen bis hin zur Atemnot reagieren. Einen neutralisierenden Gegenstoff gibt es in der Regel nicht und häufig lässt sich das Zeug auch nicht von der Haut abwaschen. Diese Situation kann unter Umständen das Rufen eines Notarztes bedingen.

Allerdings muss man auch positiv bleiben, denn die Möglichkeit, Lust und Befriedigung durch solch ein Spiel zu empfinden, sind groß und vielfältig.

Man unterscheidet generell zwischen Reaktionen der Haut, die meist optisch zu sehen sind (Brennnesseln) und innerer Behandlung.

Die Reaktion der Haut kann sich aufteilen in: Reversibel und irreversibel, wobei Erstere vorzuziehen ist, wenn man sich noch nicht so lange kennt. Zu den Irreversiblen gehört unter anderem das Branding.

Die Tunnelspiele der inneren Behandlung können ebenfalls aufgeteilt werden: Es gibt orale Präparate (Abführmittel, Viagra oder Lidocain), anale (Figging), solche die den Blutkreislauf betreffen (Drogen) oder solche die über das primäre Geschlechtsorgan verabreicht werden (Cremes etc.).

Der äußeren Anwendung, die erst einmal harmloser klingt, sind dabei nahezu keine Grenzen gesetzt – und meistens ist diese tatsächlich harmloser als die innere Anwendung. So kann man sich die Genitalien mit Minze oder anderen brennenden Cremes oder ätherischen Ölen einreiben.

Generell ist es bei Tunnelspielen unabdingbar, sich der Nebenwirkungen bewusst zu sein. Alle Anwendungen dieser Art bergen ein schwer einzuschätzendes Risiko für Sub. Zudem sollte jedem klar sein, dass medizinische Produkte nur durch einen Arzt verabreicht werden sollten und man Drogen besser links liegen lässt!

Allein:

Tunnelspiele können auch allein durchgeführt werden, denn sie haben den Vorteil, autoerotisch zu sein. Dafür kann man sich z.B. selbst innere oder äußere Präparate zuführen oder man kann Selbstfesselungssysteme nutzen, deren Öffnungsmechanismen an einen Zeitschalter gekoppelt sind.

Gerade solche autoerotischen Spiele können jedoch, da sie ohne Aufsicht stattfinden, tödlich enden. Sie wären nicht der erste Mensch, der sich selbst am Türknauf erhängt hat, im Kleiderschrank erstickt ist oder einen plötzlichen Allergieschock hat.

8.2 Klammerstrafe

Klammern können höllisch beißen oder unglaublich angenehm sein – je nachdem, wie sie eingestellt sind oder wie das „Drumherum" ist. Je mehr Sub erregt ist, desto fester können Klammern eingestellt und trotzdem als netter Lustschmerz wahrgenommen werden.

Aber jeder, der sich schon einmal einen Finger geklemmt hat, weiß, dass es durchaus auch anders geht.

Aber ganz so weit wollen wir nicht gehen, Sub soll ja einsatzfähig bleiben!

Bei der Klammerstrafe kann man extra dafür erstandene Klammern nehmen (gibt es in jedem guten Erotikgeschäft) und sie an Brustwarzen oder am Genitalbereich anbringen. Natürlich gibt es auch hier Spielarten, die das Ganze vertiefen können: Der Einstellungsregler, kleine Gewichte oder auch das leichte Drehen durch den Dom kann der Sache noch einmal ein wenig Extraschmerz verleihen.

Aber auch einfache Wäscheklammern kann man sehr schön über einen Körper verteilen und sie erfüllen ihren Zweck. Dazu ein wenig Eis oder Schläge kommen besonders schön, wenn ein Gewicht an der Klammer hängt – an einer etwas längeren Kette, die ins Schwingen gebracht werden kann.

Denn je mehr sich Sub bewegt, desto unangenehmer werden die meisten Klammern.

Eingesetzt werden können sie zum Beispiel am Venushügel, am Hodensack, Penis, an den Schamlippen, der Brustwarze, oder rund um den Brustwarzenhof, aber auch an komplett anderen Stellen, wie den Ohrläppchen, den Armen oder den Lippen. Besonders gesprächige Subs oder solche, deren Verfehlung in diese Richtung geht, kann man zum Beispiel damit strafen, dass die Klammer an der Zunge angebracht wird.

Generell ist die Regel einfach: Erst locker anfangen, dann fester spannen und dann … fast unerträglich.

Und das Beste? Mit dem Lösen der Klammern hört es nicht auf, sondern gerade durch das Zurückfließen des Blutes in den betroffenen Körperteil stellt sich noch einmal neuer, fieser Schmerz ein.

8.3 erotische Fotos

Auch hier sind der Fantasie keine Grenzen gesetzt. Schließlich hat ja jeder Mensch eine andere Vorstellung von Erotik und erotischen Fotos.

So sind zum Beispiel Fotos denkbar, die Sub zeigen, wie die Grundpositionen ausgeführt werden. Es können Bilder von der Selbstbefriedigung verlangt werden, oder davon, wie Sub andere befriedigt (auch gerne bei einem BlowJob, Oralverkehr oder einer Fußmassage der anderen Art).

Vielleicht mögen Sie Bilder, die Sub bei erniedrigenden Tätigkeiten zeigen, der Gartenarbeit im FKK-Look oder einer echten Fußmassage.

Schön sind auch Bilder, wie Sub einen „Schwanzknebel“ im Mund hat oder ein besonders nuttiges Outfit präsentiert. Oder doch lieber – weil das Oberthema ja erotische Fotos heißt – sich selbst im kleinen Schwarzen, in einem besonders tollen SM-Kleidungsstück. Oder einfach nackt?

Man kann Sub auch per Mail oder Anruf eine Aufgabe stellen, innerhalb eines bestimmten Zeitraums ein bestimmtes Foto zu machen. („Geh auf die Toilette und mach dort ein Foto, wie du deine Hand um deinen Schwanz schließt und ihn zur Erektion bringst.“) Denkbar ist so ein Spiel mit Zeitfenster auch mit anderen Dingen. („Zeig mir, wie du mir einen blasen würdest, nimm dafür eine Möhre.“ „Führ dir eine Gurke ein und mache ein Foto.“)

Merke: Fotos können erotisch sein, peinlich oder eine echte Strafe :-)

8.4 erotische Fantasien

Erotische Fantasien sind nicht nur eine schöne Strafe, sondern auch ein schöner und interessanter Zeitvertreib. Zumindest für Dom. Man kann sie sich beschreiben lassen, oder Sub muss sie aufschreiben und/oder anschließend vorlesen.

Dies kann sofort geschehen, allein oder vor einer Gruppe oder das Vorlesen wird für einen späteren Zeitpunkt aufgehoben. Vielleicht kann man die Fantasien auch irgendwann umsetzen. (Wir sind ja zurzeit im „Straf-Modus", wenn es sich also gerade nicht um eine Straffantasie handelt, wäre ein Umsetzen an dieser Stelle eher suboptimal.)

Aufschreiben lassen kann man zum Beispiel die Masturbationsfantasien, die Liste aller bisherigen Sexpartner (Männer und Frauen), die geheimsten Sex-Ängste, bisher unausgesprochene erotische Wunschträume, die dunkelsten Fantasien. Man kann Sub einen Liebesbrief schreiben lassen oder eine Popp-Wunschliste (mit echten Bekannten, oder mit Berühmtheiten).

Sie können Sub ein „Sex-Tagebuch" führen lassen, in das Sub jedes Mal einen Eintrag schreiben muss, sobald an Sex gedacht wird. Datum, Uhrzeit, was wurde gedacht.)

Genauso gut können Sie aber auch nach den bisher aufregendsten Sex-Abenteuern fragen und so ganz neue Erkenntnisse über Sub bekommen.

Diese Strafe/Aufgabe ist auch und gerade in der Kennenlernphase sehr gut geeignet, um mehr über Sub zu erfahren und direkt und ungeschönt an Wünschen, Vorstellungen und Fantasien teilhaben zu können.

8.5 Ästhetische Strafen

Es gibt eine ganze Armada an schönen Strafen, die auch einen ästhetisch geprägten Dom zufriedenstellen können.

Ich für meinen Teil liebe es, jemanden nackt auf dem Rücken liegen zu lassen, während der Boden voll Kronkorken ist … Kronkorkenabdrücke sind toll und symmetrisch. Außerdem schmerzen sie wirklich. (Bitte beachten: Großflächiges Liegen ist notwendig und nie an Knochen oder Gelenken anwenden!)

Außerdem ist auch alles mit Wachs (schon mal einen Penis- oder einen Brustabdruck gemacht? Oder einen von der Scham?) sehr schick. Man kann bunte Kerzen nehmen oder einfarbige, wie man mag und das Ganze auch mit Fotos kombinieren.

(Achtung: Bitte benutzt nur geeignete Kerzen aus dem BDSM-Shop mit einem niedrigen Schmelzpunkt, um Verbrennungen zu verhindern!)

Schläge können wundervoll sein und ganze Muster ergeben, aber auch ein Bodypaint mit Tunnelspiel als i-Tüpfelchen ist schick.

Eine weitere, sehr ästhetische Strafe ist es, Sub nackt auszuziehen und breitbeinig mit ausgebreiteten Armen stehen zu lassen, um anschließend eine (oder mehrere) Wunderkerzen anzuzünden und in der Nähe ihres Körpers (erst weit entfernt anfangen und dann das brennende Stäbchen langsam ein wenig näher halten) entlang zu führen.

Kerzenfesseln bieten sich ebenfalls als Strafe an. Dazu werden zahlreiche Kerzen um den liegenden Sub aufgestellt und entzündet. Und dann kommen die Strafen, z.B. die bereits erwähnten Schläge oder das Wachs. Wenn sich Sub bewegt, wird zwangsläufig eine der Kerzen (oder mehrere) umfallen, so dass neue Bestrafungen fällig sind.

Ein Aktshooting kann ebenfalls sehr ästhetisch sein und an dieser Stelle ein „Zwitter“ zwischen 8.3 und 8.4 :-)

8.6 Gefesselt

Oh, gefesselt hatten wir schon?

Stimmt! Aber jetzt ist es ja eine Strafe, während die Fesselung vorher dazu diente, Lust aus ihr zu schöpfen. Jetzt zieht vielleicht nur Dom Lust aus der Fesselung oder dem gefesselten Sub.

Sie denken an dieser Stelle an den Film „Secretary“, in dem Maggie Gyllenhaal verschiedene Aufgaben unter anderem gefesselt erledigen musste? Prima, denn das tun wir ebenfalls!

Man kann Sub eine Hand hinter den Rücken binden, oder zwei. Hat Sub schon einmal ein Diktat mit dem Mund geschrieben? Es ist überraschend schwer, einen Stift zwischen den Lippen zu führen und dabei halbwegs leserlich zu schreiben. Und auch eine Zunge eignet sich nicht wirklich gut, um auf einer Tastatur zu tippen.

Telefondienst ohne Arme kann beinahe unmöglich sein, ebenso das Servieren des Essens, wenn man an eine Spreizstange gefesselt ist. Hausarbeiten können so eingeschränkt unendlich lange dauern und mit großen Mühen verbunden sein.

Aber auch durch einen drückenden Dorn im Schuh oder im Strumpf kann man Sub einschränken.

Natürlich kann sich Dom gerade bei dieser Aufgabe auch selbst Spaß gönnen und zum Beispiel die eigene orale Befriedigung einfordern – ohne dass Sub Hände benutzen darf.

Generell gilt: Je schwerer die Aufgabe, umso stolzer wird Sub anschließend sein, wenn alles trotz Fesselung oder Handycap zur vollsten Befriedigung des Doms erledigt wurde!

8.7 Öffentliche Strafe

Die meisten werden an dieser Stelle sicher an einen Pranger denken, oder an öffentliches Auspeitschen.

Natürlich fallen beide Optionen unter diesen Punkt, aber öffentliche Strafen sind sehr viel vielfältiger, denn die meisten bisher genannten Strafen (außer vielleicht die ästhetischen) können auch vor Publikum vollzogen werden.

Ob das ein SM-Publikum sein muss, obliegt der Entscheidung des Dom. Denkbar wäre hier auch ein Swingerclub oder eine Diskothek (zum Beispiel kann ein männliches Sub dort in Frauenkleidung auftauchen müssen). Es können auch semi-öffentliche Strafen sein, wie das Fotografieren in den Standardstellungen in einer Umkleidekabine.

Man sollte sich vorher überlegen, ob man andere Leute mit in das Spiel einbeziehen möchte (z.B. Passanten um ein Foto bitten), oder ob man Sub einfach nur „ferngesteuert" durch ein Einkaufszentrum dirigieren will.

Es hat ja auch seinen Reiz, wenn nur man selbst und Sub weiß, dass Sub unter dem Rock nichts an hat, oder einen Analplug trägt, ein Vibro-Ei – und man selbst die Kontrolleinheit bedient.

Vom Umfeld und von diesem Einbeziehen hängt natürlich auch die Aufgabe ab, denn man möchte selbstverständlich auch keinen öffentlichen Ärger riskieren, indem man vor Kindergartenkindern erotische Fantasien vorlesen lässt, oder?

Merke:

Bei öffentlichen Aufgaben muss man sich immer im Klaren darüber sein, dass man ein Ärgernis darstellen kann. Nicht jeder mag es, mit der Sexualität anderer Menschen konfrontiert zu werden und in einigen Fällen stellt es gar einen Strafbestand dar.

9. Speziellere Spielarten

Auch wenn Sie grundsätzlich BDSM und den bisher besprochenen Themen aufgeschlossen gegenüber stehen, so könnte es dennoch sein, dass der eine oder andere nun folgende Inhalt nicht Ihre Geschmacksnerven trifft. Vermutlich findet nur eine kleine Schar unserer Leserschaft diese sexuellen Spielarten erregend und möchte sie ausprobieren. Das ist so völlig in Ordnung. Wir freuen uns, wenn es Ihnen Anregungen zum Ausprobieren gibt. Seien Sie aber bitte nicht enttäuscht (oder entsetzt), wenn dies nicht Ihre Sache ist. Dann haben Sie wenigstens darüber gelesen und wissen genug, um für sich zu entscheiden.

9.1 Deprivation und Stromspiele

Entzuges oder Isolation oder das Gefühl sozialer Benachteiligung. Meistens handelt es sich darum, dass der Sklave seine Eigenständigkeit und Vorlieben aufgeben muss ...

Mit Deprivation bezeichnet man den Zustand der Entbehrung, eine Deprivation kann in vielfältiger Weise daherkommen und von zart über hart bis zu fast unerträglich übergehen. Sperren Sie jemanden in einen halbwegs leeren, ablenkungsfreien Raum ein und lassen Sie ihn über Stunden allein: Deprivation. (Zum Beispiel bei Gefängnisspielen oder als Strafe.)

Verstopfen Sie jemandem die Ohren und verbinden ihm die Augen, um ihn anschließend in einer Raumecke stehen oder knien zu lassen, bis er nicht mehr kann: ebenfalls Deprivation.

Deprivation ist meistens ein sehr intensives Spiel, das von Sub sehr viel abverlangt und gerade auch eine mentale Herausforderung darstellt. Um sicherzugehen, dass alles in Ordnung ist, sollte sich der Dom wirklich gut auskennen und schon öfter mit Sub gespielt haben, um die Zeichen richtig zu deuten. Auch häufige Kontrollen sollten gegeben sein. (Videoüberwachung bei Gefängnisspielen etc.)

Jemanden in einen Sack/Plastiksack zu hüllen und ihm alle Sinne zu rauben fällt ebenso unter Deprivation, wie denjenigen in einen Sarg zu stecken und ihm nur Frischluft zu gönnen.

Gerade am letzten Beispiel kann man feststellen, wie beängstigend Deprivation sicherlich trotz anfänglicher Begeisterung wirken kann, weswegen hier unbedingt darauf zu achten ist, dass genug Vertrauen zwischen Dom und Sub gegeben sein muss. (Und Selbstvertrauen beim Sub.)

Der Begriff *Stromspiele* umschreibt sadomasochistische Handlungen, bei denen Stromstöße erzeugt werden, um sexuelle Reize auszulösen. Die Stärke reicht von einer leichten Stimulation ähnlich einer angenehmen Massage bis über mittelstarke, noch gut erträgliche Stromstöße zu unangenehmem Zwicken, kann aber auch heftige Schmerzen erzeugen.

Wissen ist Voraussetzung! Der ausführende Partner sollte gewisse Erfahrung im Umgang mit Reizstrom mitbringen. Eine Elektrostimulation darf auf keinen Fall bei einer Person angewendet werden, die Herzprobleme hat oder sogar einen Herzschrittmacher trägt. Sowieso dürfen die Elektroden niemals in der Nähe des Herzens angebracht werden! Und letztlich bleibt ein gesundheitliches Restrisiko, auch wenn man vorsichtig ist. Tasten Sie sich auf jeden Fall langsam an das Erhöhen der Stromstärke heran und spielen Sie safe!

9.2 Analsex

Aus hygienischen Gründen ist eine Darmspülung vor dem Analverkehr nicht unbedingt notwendig, da der Enddarm lediglich ein Durchgangskanal ist. Eine Reinigung unter der Dusche oder auf einem Bidet reicht aus. Allerdings fühlt man sich entspannter und wohler, wenn man weiß, dass der Darm leer ist und in nächster Zeit von dort kein Druck zu erwarten ist.

In einem SM-Szenario dient das Durchführen eines Einlaufs nicht nur einer Darmreinigung, sondern ist vor allem eine sehr erniedrigende Situation für den Bottom und ein Vorspiel und Einstimmen auf den späteren Analsex. Der Sklave oder die Sklavin darf nicht einmal über die eigene Darmfunktion selbst bestimmen, sondern die Herrschaft bestimmt, was und wie viel hineinkommt und wann dies wieder entleert werden darf. Intimsphäre und Selbstbestimmung über den eigenen Körper werden völlig abgegeben.

Wenn Sie sich als Sub alleine auf das Date mit Ihrem Dom vorbereiten, beginnen Sie mit einer romantischen Kerzenbeleuchtung im Badezimmer und entspannen Sie in einem duftenden Schaumbad. Konzentrieren Sie sich auf Ihren Analmuskel, versuchen Sie diesen zu lockern. Waschen Sie sich sanft, seien Sie nicht hektisch und reiben Sie nicht zu fest. Falls Sie Ihre Knospe noch nie betrachtet haben, sollten Sie es jetzt nachholen, beispielsweise mittels eines Handspiegels. Die meisten Menschen wissen gar nicht, wie sie dort aussehen. Daran ist jedoch nichts Anrüchiges.

Wenn Sie sich gut dabei fühlen, nehmen Sie ein wenig Gleitgel auf einen Finger und dringen Sie sanft in Ihren Anus ein. Ertasten Sie Ihr Innenleben und versuchen Sie, die Muskulatur um Ihren Finger herum loszulassen und zu lockern.

Selbst unter der Annahme, dass Sie nur mit einem festen Partner spielen, sollten Sie daran denken, dass Finger oder Penis, die im Anus waren, anschließend weder in die Vagina noch in den Mund gehören.

Im Darm leben diverse Bakterien, die nirgendwo anders hin gehören. Ebenso sollten Sie für die optimale Hygiene immer ein frisches Kondom verwenden, wenn Sie während oder nach dem Analverkehr in den Vaginalverkehr übergehen wollen. Wenn Sie kein Kondom beim Analsex benutzen, ist der Wechsel absolut tabu, bis Sie Ihren Penis frisch gemacht haben.

Wenn Sie ein Kondom verwenden, dann bitte kein besonders dünnes, gefühlsechtes Kondom, sondern ein stärkeres. Es gibt sogar extra welche für Analverkehr zu kaufen, die strapazierfähiger sind.

Für den Anfang bietet sich die Löffelchenstellung an. Wenn Sie sanft pressen, so als ob sie auf dem Klo sitzen, erleichtern Sie in der Regel das Eindringen. Wichtig ist für beide, lassen Sie sich Zeit und versuchen Sie es auf keinen Fall mit zu viel Druck.

Haben Sie es geschafft und sind vereinigt, drehen Sie sich am besten gemeinsam auf den Bauch, mit ein paar Kissen darunter, oder in die Hündchenstellung. Das ist für beide Partner bequem. Aber seien Sie nicht überrascht, die Analstellung ist meistens mit einem leichten Schmerz verbunden, der im Idealfall jedoch als Lustschmerz empfunden wird.

Ach ja, und blähende Speisen sollte man vor dem Analsex wohl besser vermeiden. :-)

Die Verwendung eines Gleitgels sorgt nicht nur für leichteres Eindringen, sondern verhindert auch die Wundreibung bei der Penetration. Im Gegensatz zur Vagina kann der Anus nämlich nicht selbst für Feuchtigkeit sorgen. Ohne Gleitmittel kann Analverkehr deshalb für beide Partner schmerzhaft sein.

9.3 Natursekt und andere Körpersachen

Die häufigste und harmloseste Variante ist ein Pinkelspiel unter der Dusche. Das fließende Wasser schwächt den Uringeruch ab und sorgt sofort wieder für erfrischende Sauberkeit der Haut. Ob man dies erotisch findet und ausprobieren will, muss jeder selbst wissen.

Manche SM'ler finden es sexy, ihren Partner oder Partnerin zu bepinkeln, oder nehmen dies als einen abgesprochenen Akt der Unterwerfung. Einige mögen es auch gegenseitig am Urin zu nippen. Sind beide gesund, spricht aus hygienischen Gründen nichts dagegen.

Wie auch bei anderen sexuellen Praktiken sollten Sie vom Spielen mit Urin jedoch absehen, wenn Infektionskrankheiten oder Hepatitis vorliegen, da diese davon übertragen werden können. Ist das Trinken des Goldenen Nektars vorgesehen, sollten zudem Kohlgerichte, Zwiebeln, Knoblauch, Spargel, aber auch Kaffee Stunden vor dem Spiel gemieden werden. Auch Tabletten wie Antibiotika oder Multivitaminpräparate, insbesondere Vitamin B, sprechen dagegen, da diese den Urin „ätzender" schmecken und riechen lassen. Ebenso ist Morgenurin nicht sehr schmackhaft. Am angenehmsten ist der Geschmack des Natursektes, wenn die Herrschaft viel Wasser und Säfte trinkt.

Ein anderes Pinkelspiel kann so aussehen, dass die Domina in ihren Slip pinkelt und diesen ihrem Sklaven als Knebel in den Mund stopft. Oder sie pinkelt während eines Facesittings über das Gesicht ihres Sklaven.

Weitere Ideen bleiben Ihren persönlichen Vorlieben überlassen.

9.4 Fetische

In den vorangegangenen Kapiteln haben wir Fetische definiert und beschrieben, welche Auswirkungen diese auf die fetischistisch veranlagte Person haben kann.

Kann ein Fetisch demzufolge auch in eine Strafe eingebunden werden? Mit Sicherheit!

Bei einem Fußfetischismus kann man zum Beispiel verlangen, dass der eigene Fuß geleckt werden muss (besonders schön nach einem barfuß-Spaziergang oder der Sportstunde), der Fuß des anderen oder der eines Fremden.

Auch fällt sicherlich vielen sofort die Szene mit Salma Hayek aus „From Dusk till Dawn" ein, in der ein Besucher Sekt von Hayeks Fuß trinken darf. Für den einen eine sehr sinnliche Szene (, für Zuschauer übrigens auch), für den Trinker aber unter Umständen eine Strafe.

Selbiges gilt in vielen Fällen auch für Achsellecken, Lackbekleidung reinigen oder mit der Zunge säubern, Slip auslecken oder Windeln bei Erwachsenen wechseln.

Genau wie dem Fetisch selbst sind auch der Bestrafung durch oder mit dem Fetisch kaum Grenzen gesetzt. Und zur Not besteht die Bestrafung darin, auf den Fetisch verzichten zu müssen :-)

9.5 Schlafentzug, Atemkontrolle, Mumifizierung, Waterboarding

Schlafentzug ist fast immer eine Strafe. (Das weiß vermutlich jeder, der kleine Kinder hat :-)

Diese kann komplett erfolgen – man lässt den anderen nicht schlafen – oder in bestimmten Abschnitten. Diese Abschnitte können an Aufgaben gebunden sein: Um ein Uhr muss der Bestrafte eine Buchseite abschreiben, um drei Uhr das Bad putzen, um fünf Uhr den

Frühstückstisch decken etc. Da man selbst ja nicht ebenfalls wach sein will, aber die Aufgaben kontrolliert werden müssen, kann der Bestrafte ein Handyfoto davon aufnehmen (mit Uhr oder eingestellter Fotouhrzeit).

Achtung: Es gibt Menschen, bei denen solche Schlafunterbrechungen genau den gegenteiligen Effekt haben. Meist sind dies Leute, die schlecht Schlafen können, aber durch diese Aufgaben ihre innere Ruhe wiederfinden!

Atemkontrolle kann auf verschiedene Weise stattfinden. Die harmloseste Variante ist die Atemreduktion durch Korsettierung, also ein eng geschnürtes Korsett tragen. Durch eine immer enger werdende Schnürung schränkt die Herrschaft die Atmung, die durch das Korsett sowieso auf eine Flachatmung beschränkt ist, zunehmend mehr ein.

Empfunden wird dies von Korsett-Sklaven unterschiedlich. Während die einen das Tragen des Korsetts demütigend und als Bestrafung hinnehmen, lieben andere das Gefühl eng davon umschlossen zu sein.

Generell gehören Korsetts zu den Fetischen und das Tragen eines solchen kann auch zur Sucht werden. Allerdings birgt das ständige oder zu lange Tragen auch Risiken, vor allem bei zu enger Schnürung. Dann der Träger von Schwindelattacken befallen werden.

Aber auch durch Würgen, Nase-zu-halten oder Ähnliches kann Atemkontrolle durchgeführt werden. Atemkontrolle ist generell sehr gefährlich, da das Gehirn des so Bestraften (oder Belobten), nur für sehr kurze Zeit ohne Sauerstoff weitermachen kann – danach gibt es bleibende Schäden, die unterschiedlich stark ausfallen können. Aus diesem Grund sollten Atemkontrollen nur von erfahrenen Personen durchgeführt werden. Von echtem Würgen, zum Beispiel durch ein Seil oder durch einen wirklich festen Griff um den Hals ist ansonsten bitte abzusehen. Meist reicht ohnehin die Androhung, das leichte Anlegen der Hand am Hals oder auf dem Mund, um Sub klar zu machen, was Sache ist – und/oder die Lust hochkochen zu lassen.

Waterboarding ist ein weiteres Beispiel für Atemkontrolle. In

Gefängnissen der modernen Zivilisation verboten und als Folter verschrien, findet Waterboarding trotzdem gerne gerade bei Gefängnisspielen im SM-Bereich Zuspruch. Gerade wenn es nur kurz durchgeführt wird, kann es die Lust steigern, aber auch als Bestrafung für genug Angst sorgen.

Bestimmt sind Ihnen ägyptische Mumien kein Fremdwort. Die *Mumifizierung* ist eine hochentwickelte Technik, um einen toten Körper haltbar zu machen. Bei der BDSM-Mumifizierung wird der Sklave eingewickelt und auf diese Weise bewegungsunfähig macht.
Zum Einwickeln ist alles geeignet, was den Körper des Sklaven eng umschließt.

Je nach Material kann auch der Aspekt des Schwitzens in der Umhüllung interessant sein, wie bei der *Folienbondage.* Frischhaltefolie, Plastiktüten oder Flüssiglatex sind dafür geeignet. Oder ein Vakuumbett aus Latex oder ein Latexballon, aus dem die Luft abgesaugt wird. Der Sklave wird durch den Unterdruck besonders stark umschlossen und kann nur noch durch einen Luftschlauch atmen.

Auch die Verwendung von Gips kann reizvoll sein, in den der Sklave ganz oder teilweise verpackt wird. In allen diesen Fällen muss der Sklave ausharren, bis die Herrschaft ihn wieder von der Folie oder dem Gips befreit. Die Mumifizierung kann aber auch ein Gefühl der Geborgenheit vermittelt, wenn es dem Sklaven gelingt sich in eine Art Subraum fallen zu lassen.

Achtung: Bei allen Spielen rund um die Atmung ist extreme Vorsicht geboten! Selbst wenn der Dom Erfahrung hat und Sub genug Vertrauen, klärt bitte vorher genau ab, wie weit diese Erfahrung gehen soll, ob es Vorerkrankungen wie Asthma gibt und ob im Notfall auch entsprechende Wiederbelebungsmaßnahmen erinnert werden.

9.6 Nadeln, Blut und Dinge für Spezialisten

Und dann gibt es da noch die anderen Sachen, die wirklich nur für Spezialisten sind: Nadel, Blutspiele oder andere Dinge, die eine Ausbildung in dieser Richtung erfordern.

Eigentlich selbsterklärend, denn niemand möchte beim Sex oder im Rahmen von Sexspielchen verbluten und auch ein Wassereinlauf in die Hoden kann schrecklich schiefgehen, wenn man das nicht kann.

Es gibt genug Horrormeldungen von skurrilen Unfällen, die im Rahmen von solchen Spielen geschehen können und da ich persönlich mit einer Domina befreundet bin, die eine Ausbildung zur Krankenschwester und Altepflegerin gemacht hat (ja, ich weiß, das klingt auch eher wie ein Witz), weiß ich, dass ein großer Teil davon gar nicht einmal so selten passiert.

Sicherlich ist die Gefahr bei Nadelspielen, wenn die Nadeln nur die oberste Hautschicht treffen relativ klein, aber jeder, der schon einmal bei der Akupunktur war weiß, es kommt auf den richtigen Punkt an :-)

Oder wie ein Freund mal sagte: „Fisting erfordert Erfahrung, von Heading sollte man absehen." Und wenn Sie jetzt auch nur annähernd dieselben Fantasien haben, die ich zurzeit der Aussage hatte, wissen Sie, was er meinte. Es gibt einen Unterschied zwischen Experimentierfreudig, Risikobereit, Gefahrensucher und dumm. Gehören Sie ruhig zu den ersten drei Gruppen, aber überlassen Sie „dumm" doch bitte den anderen.

10. Spielzimmer

Wenn Sie dieses Kapitel lesen, gehören Sie wahrscheinlich zu den glücklichen Menschen, die genug Platz und/oder Fantasie haben, sich ein eigenes SM-Spielzimmer zu gönnen. Oder Sie hoffen vielleicht auf Anregungen, wie man auch großflächigeres SM-Spielzeug vor den Kindern verstecken kann?

Das finde ich sehr legitim – vor allem wenn ich daran denke, dass mir neulich ein Freund meines Sohnes erzählt hat, er habe den Dildo seiner Mutter gefunden.

Fangen wir also mit dem Tarnen an. Wie kann man Dinge tarnen? Entweder gar nicht, indem man mit dem Nachwuchs offen umgeht – das setzt natürlich ein gewisses Grundalter und eine noch größere Reife voraus. Oder man muss wirklich einfallsreich werden. Zumindest bei den Sachen, die nicht in eine abschließbare Kiste oder einen Tresor passen. (Ja, das meine ich ernst! Glauben Sie mir, Sie wollen nicht, dass Ihr Kind allen Freunden von Ihrem Dildo erzählt …)

Manche SM-Möbel sind so konstruiert, dass sie sich durch Umbau tarnen lassen. In vielen SM-Online-Foren gibt es Anleitungen zum Selbstbauen.

Aber auch ein Extra-SM-Zimmer sollte abschließbar sein. Hier kann man sich dann nach Herzenslust austoben – und zwar schon bei der Einrichtung und der Gestaltung.

Licht, Vorhänge, gepolsterte oder stilvoll gestrichene Wände und eine schöne Heizung sorgen sofort für das richtige Ambiente und die geeignete Temperatur.

Aber was gehört sonst noch unbedingt zu so einem Zimmer?

10.1 Andreaskreuz und Ähnliches

Wir haben stellvertretend für die großen SM-Möbel mit Möglichkeit zur Fixierung des Subs an dieser Stelle das Andreaskreuz gewählt, weil es das bekannteste Hilfsmittel zur Fesselung ist und es nicht unbedingt aus Holz sein muss. Eisenringe in den richtigen Abständen an der Wand oder in Boden und Decken reichen vollkommen aus, um jemanden „wie am Andreaskreuz" zu fixieren.

Aber auch das Kreuz selbst ist nicht schwer selbst herzustellen. Es besteht aus zwei (oder vier) schmalen Brettern und hat die Form eines X. Man kann sich entsprechende Bretter im Baumarkt zuschneiden lassen und zu Hause an die Wand montieren. Sogar die Polsterung und Riemen und/oder Ösen kann man relativ leicht selbst anbringen.

Auch einen *Strafbock* kann man improvisieren (hoher Hocker) oder bauen, indem man zwei hohe Holzhocker übereinander fixiert und abpolstert. Hier muss man darauf achten, dass die Riemen und Ösen am Holz angebracht werden und nicht am Polster. Anschließend garniert man das Ganze mit einem schönen (und am besten abwaschbaren) Stoff und man hat einen einfachen Bock.

10.2 Schlagwerkzeuge

Schlagwerkzeuge sind alle Gerätschaften, mit denen man jemanden schlagen kann. Die meisten erfordern Übung und vor allem sollte man sie nicht selbst basteln. (Es sei denn, man ist zufällig Schreiner oder Sattler.)

Für den Einstieg kann man Lederriemen nehmen oder einen schönen Gürtel, ein Lineal, eine Haarbürste und einen Flogger, um die

Schmerzgrade wechseln zu können. Auch Weiden- oder Birkenruten müssen sich nicht auf die Weihnachtszeit beschränken. Sie haben auch den Vorteil, dass sie nahezu überall kostenlos zu bekommen sind. Genau wie Brennnesseln.

Erst wenn Sie merken, dass Schläge für Sie als Spielvariante in Frage kommen, sollten Sie über eine Grundausstattung nachdenken.

Eine einfache *Gerte* bekommt man problemlos in einem Reitfachgeschäft. Sie ist bis zu 1,60m lang und flexibel. Außerdem macht sie ein schönes Schlaggeräusch, kann aber auch fiese Spuren hinterlassen.

Eine *Springgerte* bekommt man ebenfalls in Sportgeschäften. Sie ist kürzer und endet in einem Dreieck. Sie ist weniger flexibel.

Auch eine *Peitsche* kann man für wenig Geld im Sportgeschäft erstehen. Am Ende der Peitsche ist eine lange Schnur und jeder Reiter, der sie aus Versehen schon einmal abbekommen hat, weiß, dass sie, obwohl harmloser aussehend wirklich Schmerzen zufügen kann.

Zur weiteren „Grundausstattung" gehört der eingangs erwähnte *Flogger*. Er besteht aus weichen Lederstreifen und auch hier ist es meist das Schlaggeräusch, das anturned, da die Schmerzen eher als milde einzuordnen sind.

Ein stabiles *Paddel* ist meist aus Holz und besitzt eine große Fläche, so dass ein Schlag meist als nicht allzu schmerzhaft wahrgenommen wird. Ein Paddel wird gerne zum „Aufwärmen" benutzt.

Zur weiteren Ausstattung gehört auch ein Lineal (Stichwort: Rollenspiele) und ein Rohrstock.

Wer mag, kann gerne noch ergänzend eine Geißel und/oder eine neunschwänzige Katze hinzufügen.

Merke: Mit den meisten Schlagwerkzeugen kann man wirkliche Schäden anrichten, so dass man niemals auf Kopf und Gesicht zielen darf. Man muss wirklich mit ihnen üben, um Lust erzeugen zu können – ansonsten tun sie nur eines, nämlich fies weh.

10.3 Sextoys

Von Sextoys lebt eine ganze Industrie. Egal ob es sich um Dildos für die verwöhnte Vagina von heute handelt, oder um Dinge, die man sich Anal einführen kann. Der Fantasie und den Preisen sind hier kaum Grenzen gesetzt.

Es gibt Toys, die eher Schmuckstücke sind und im Wohnzimmer in der Vitrine stehen könnten, ohne dass Schwiegermutter einen Verdacht schöpft, aber es gibt auch die verspielten „Häschen", „Schmetterlinge" und „Delfine".

Die meisten Leser und Leserinnen werden ohnehin schon erotische Spielzeuge zu Hause haben. Trotzdem sollten solche Toys natürlich in keinem gut ausgestatteten Spielzimmer fehlen.

Zur Standardausrüstung gehören hauptsächlich:
Dildo
Liebeskugeln
Analplug
Analdildo
Umschnalldildo
Ein Slip, in dem man einen Dildo/oder zwei befestigen kann
Penisring
Penishülle/-cage

Keuschheitsgürtel für sie und/oder ihn
Analdildo für ihn
Penismanschetten-Set

Seile, Fesseln und Fixierfesseln in allen Varianten!

10.4 elektrisches Spielzeug

Viele werden jetzt sicherlich an einen Vibrator denken und sich fragen, wieso der Unterschied zwischen ihm und dem im Kapitel zuvor erwähnten Dildo groß genug ist, um einen eigenen Punkt zu bekommen.

Ehrlich gesagt war das auch mein erster Gedanke, bevor ich auf der „Venus" (Erotikmesse in Berlin) gewesen bin. Dort, im Wunderland der erotischen Spielwaren, erfuhr ich, dass es gravierende Unterschiede gibt, es gibt Doppelvibratoren, die anal und vaginal gleichzeitig stimulieren können, solche, die für beide Partner geeignet sind und deren Lust auf die Spitze treiben. Aber es gibt auch Auflagevibratoren, die auch für die moderne Jungfrau von heute geeignet sind.

Auch von einem „Sucker" hatte ich noch nie zuvor gehört. Der Name erklärt eigentlich alles. Das Gerät jedenfalls sieht aus wie eine Vakuumpumpe und vibriert. Ähnlich ist der „Womanizer", er saugt sanft die Klit ein und stimuliert sie durch pulsierende Druckwellen.

Wer es ein wenig härter (und teurer) möchte, kann auch zu einer „Bumsmaschine" greifen, einer ziemlich großen bettartigen Konstruktion, die quasi den männlichen Part übernimmt und genau das tut, was der Name suggeriert: einen durchbumsen.

Der Vorteil an diesen Hightech-Geräten aus der Erotik-Wundertüte liegt auf der Hand: Sie sind allein und zu zweit nutzbar.

Die anderen Spielzeuge mit Strom/Batterie, sind ebenfalls interessant und bringen Spaß – sollten aber zu zweit benutzt werden. (Es sei denn, Ihre Selbstkontrolle ist deutlich besser als meine :-)

Erwähnenswert sind hier unter anderem der „Magic Wand", der wahrscheinlich noch jeder Frau einen Orgasmus geschenkt hat, das „Vibro-Ei" mit Fernbedienung, der „Penisring mit Vibration" und der Klassiker der Hollywoodkomödien: Der Klitoris reizende Slip mit Fernsteuerung.

Viele dieser Spielzeuge sind bewusst für den Vanilla-Bedarf konstruiert, können aber natürlich auch als SM-Spielzeug genutzt werden. Zum Beispiel um Sub zu reizen, aber nicht kommen zu lassen, als sinnliche Ablenkung bei Schlägen, oder wenn man selbst einen zweiten Partner suggerieren möchte, der Sub bespielt.

10.5 Gleitgel und Verhütung

Ja, ich höre an dieser Stelle schon die ersten Leser und Leserinnen lachen, aber „Gleitgel" ist wichtig genug, um einen eigenen Punkt zu bekommen.

Das Gel sollte nicht nur bei Analverkehr eingesetzt werden, sondern kann auch schon bei allen anderen Spielarten, in denen der Teil des einen Körpers in ein Teil des anderen Körpers hineingesteckt wird, benutzt werden. Es macht die ganze Angelegenheit „flutschiger" und angenehmer. Außerdem sorgt es für einen schönen Kopf-Kick beim anderen Spieler.

Beim Analverkehr oder beim Fisting ist Gleitgel unerlässlich und sollte immer (wirklich immer!) benutzt werden. Schon allein, um die Verletzungsgefahr möglichst gering zu halten. Im Moment der höchsten Lust mag man nicht daran denken, oder Verletzungsschmerz als Lustschmerz wahrnehmen, aber jeder, der schon einmal eine

Verletzung an solch empfindlichen Stellen hatte, weiß, dass es die Sache nicht wert war.

Verhütung: eigentlich selbsterklärend. Wollen Sie keine Kinder, sollten Sie verhüten. Wollen Sie keine Geschlechtskrankheiten, sollten Sie bei einem Partner, bei dem Sie sich nicht hundertprozentig sicher sind, ein Kondom benutzen. Auch beim Oralverkehr. (Sie müssen ihm ja nicht sagen, dass Sie ihm nicht trauen ... das wäre eher ein Streitthema denn ein Aphrodisiakum; schwindeln Sie und täuschen eine leichte Halsentzündung oder eine vergessene Pille vor.)

10.6 Was die Bastelkiste so hergibt

In einen SM-Raum, zumindest wenn er privat genutzt wird, können auch viele Gegenstände und Dinge gehören, die im normalen Haushalt zu finden sind.

Dazu können zum Beispiel ein Schal gehören (Fessel, Knebel oder Augenbinde), Gürtel (Fessel oder Schlagwerkzeug), Ohrstöpsel (Deprivationsspiele), Kerzen (Beleuchtung und Wachs), Eis (vielleicht erst im Moment des Gebrauchs, ansonsten ist es nämlich definitiv zu kalt im Raum), Klebeband – Paket- oder Panzerklebeband – Wunderkerzen oder Kronkorken.

Auch Wäscheklammern und Plastikfolie kann man wunderbar benutzen, genau wie eine etwa 0,8-1,0 Meter breite Stange mit Löchern an beiden Enden. (Man kann auch ein splitterfreies Brett mit abgerundeten Ecken nehmen.) Die Stange kann man als Spreizstange für Arme oder Beine nutzen.

Auch eine „Zwangsjacke" kann man improvisieren, indem man eine lange Jacke nimmt und sie verkehrt herum anziehen lässt. Sub muss dafür die Arme entweder flach an die Körperseite pressen oder gekreuzt vor der Brust haben. Die Jackenärmel werden anschließend auf dem Rücken fest verknotet.

Für einen selbstgemachten Fesselsack kann man zwei oder drei feste und große Jutebeutel zusammennähen oder ein Baumwollbettlacken. In Kombination mit einem flachen Seil, mehreren Gürteln oder auch den in Punkt 11.3 erwähnten Fixierfesseln hat man so rasch einen billigen und zweckmäßigen Fesselsack gezaubert.

11. Vorher – Nachher

Ganz zu Beginn des Buches hatten wir uns in Kapitel 1 den Anfängen gewidmet und darauf hingewiesen, wie man vom Wunschtraum „SM-Spiele“ zu der Realität kommt oder kommen kann, wie man es dem Partner erklärt und wie man sich an verschiedene Themen heranwagen kann, ohne dass sofort ein böses Erwachen folgt.

Nachdem wir Ihnen auf den folgenden Seiten nach bestem Wissen und Gewissen eine Anleitung und Tipps an die Hand gegeben haben, wollen wir an dieser Stelle noch einmal darauf zurückkommen und Ihnen zwei einfache „Werkzeuge“ an die Hand geben, um Ihre eigenen Vorlieben und die Ihres Spielpartners zu vergleichen und abzuklären, wer was möchte und wer welchen Spielarten gegenüber offen gegenübersteht. Ferner wollen wir Ihnen so eine Schnellübersicht über die wichtigsten Punkte bieten – und zu guter Letzt eine Hilfestellung anraten, falls doch einmal etwas schiefgehen sollte.Ganz zu Beginn des Buches hatten wir uns in Kapitel 1 den Anfängen gewidmet und darauf hingewiesen, wie man vom Wunschtraum „SM-Spiele“ zu der Realität kommt oder kommen kann, wie man es dem Partner erklärt und wie man sich an verschiedene Themen heranwagen kann, ohne dass sofort ein böses Erwachen folgt.

Nachdem wir Ihnen auf den folgenden Seiten nach bestem Wissen und Gewissen eine Anleitung und Tipps an die Hand gegeben haben, wollen wir an dieser Stelle noch einmal darauf zurückkommen und Ihnen zwei einfache „Werkzeuge“ an die Hand geben, um Ihre eigenen Vorlieben und die Ihres Spielpartners zu vergleichen und abzuklären, wer was möchte und wer welchen Spielarten gegenüber offen gegenübersteht. Ferner wollen wir Ihnen so eine Schnellübersicht über die wichtigsten Punkte bieten – und zu guter Letzt eine Hilfestellung anraten, falls doch einmal etwas schiefgehen sollte.

11.1 Einschätzung – Wer will was?

	Ja	Vielleicht	Nein		Ja	Vielleicht	Nein
Altersspiele							
Kind							
Teenager							
Windeln							
Bestrafungs-spiele							
Auspeitschen							
Spanking (mit Hand)							
Züchtigung mit dem Lineal							
Mit dem Paddel							
Mit Reitgerte							
Mit Rohrstock							
Mit Flogger							
Striemen							
Peitsche							
Po							
Oberschenkel							
Brust							
Intimzone							
Bondage							
abschließbar							
Andreas-Kreuz							

	Ja	Vielleicht	Nein	Ja	Vielleicht	Nein
Armfesseln						
Augenmaske						
Bondageliege						
Bondagenetz						
Dunkelhaft						
Gurt						
Deprivation						
Handschellen						
Käfig						
Bondage						
Harnisch						
Krawatte						
Liebesschaukel						
Mumifizierung						
Pranger						
Schal						
Seil						
Spreizstange						
Zwangsjacke						
Bondagesack						
Jap. Bondage						
Mit Lustfolter?						
Depersonalisierung						
Pony						

	Ja	Vielleicht	Nein	Ja	Vielleicht	Nein
Hund						
Katze						
Schwein						
Häschen						
Trense/Maulkorb						
Halsband						
Schweif-/Schwanz ButtPlug						
anderes Tier						
Tier Schlafplatz						
Aschenbecher						
Schemel						
Tisch						
Kunstwerk						
Toilette						
Körperkult						
Völlig nackt						
Teilweise nackt						
Nur angezogen						
Dresscode						
Dessous						
elegant						
feminin						
Humpelrock						

	Ja	Vielleicht	Nein	Ja	Vielleicht	Nein
Kleid der O						
Korsett						
Lack						
Leder						
Latex						
nuttig						
Strapse						
HighHeels						
Barfuß						
Erniedrigung						
Einlauf anal						
Einlauf Blase						
Eis“einlauf“						
Facesitting-Stuhl						
Golden Shower						
Körperliche Erniedrigung						
Öffentliche Erniedrigung						
Verbale Erniedrigung						
Folter						
Anal						
Beißen						
Brust						

	Ja	Vielleicht	Nein	Ja	Vielleicht	Nein
Cockring						
Dildoslip						
Eichel						
Eis						
Wachs						
Federn						
Folter						
Fickmaschine						
Füße						
Hände						
Hoden						
Kitzeln						
Klitoris						
Kneifen/Zwicken						
Brustwarzen						
Nippel-klemmen						
Schamlippen						
Spanisches Pferd						
Spreizstange						
Strafbock						
Streckbank						
Gyn-Stuhl						
Vibro-Ei						
Wachs						
Wartenbergrad						

	Ja	Vielleicht	Nein	Ja	Vieleicht	Nein
Wäsche-klammern						
Ziehen an den Haaren						
Knebelung						
abschließbar						
aufblasbar						
Schwanzfessel						
Ballfessel						
Kopfmaske						
Schal/Tuch						
Spreizbirne						
Zungenzange						
Orte						
Club						
Swingerclub						
drinnen						
Orte						
privat						
öffentlich						
Semi-öffentlich (Wald)						
SM-Party						

	Ja	Vielleicht	Nein		Ja	Vielleicht	Nein
Penetration							
Dildo							
Vibrator							
Finger							
Fuß							
Hand/Fisting							
Analplug							
Penis							
Lebensmittel (Wurst, Banane etc.)							
Partnertausch							
Fickmaschine							
Spielzeug (Kerze, Griff der Gerte u.ä.)							
Schuhe/Füße							
Fetisch-Schuhe							
HighHeels							
Stiefel							
Füße küssen							
Füße lecken							
Sex							
ausleihen							
Analsex							
Dreier							

	Ja	Vielleicht	Nein	Ja	Vielleicht	Nein
Ficken						
Fingern						
Fisting						
Gruppensex						
öffentlich						
Sex						
Heimlich in der Öffentlichkeit						
Oralsex						
Rimming						
Selbstbefriedigung						
Zur Schau stellen						

11.2 Rollenspielfindung

Spiel	Ja	Vielleicht	Nein		Ja	Vielleicht	Nein
Adliger und Magd							
Alien und Mensch							
Arzt und Patient							
Zahnarzt und Patient							
Biker/Autofahrer und Tramper							
Castingagent und Modell							
Chef und Sekretärin							
Cowboy und Indianer							
Einbrecher und Frau							
Entführer und Geisel							
Gladiator und Dame							
Handwerker und Hausfrau							
Herrchen und Hund							
Indianer und Siedlerfrau							
Inquisitor und Opfer							
Detektiv und Diebin							
Lehrer und Schüler							
Mann und Jungfrau							
Meister und Sklavin							

Spiel	Ja	Vielleicht	Nein		Ja	Vielleicht	Nein
Pirat und Blinder Passagier							
Polizist und Falschparker							
Polizist und Verkehrssünder							
Priester und Nonne							
Räuber und Pilzsammler							
Räuberbande und Spaziergänger							
Reiter und Pony							
Scheich und bezaubernde Jeannie							
Sheriff und Tänzerin							
Soldat und Gefangene							
Sultan und Haremsdame							
Tarzan und Jane							
Tiertrainer und Haustier							
Vergewaltiger und Opfer							
Wikinger und Beute							
Wolf und Rotkäppchen							
Zuhälter und Nutte							

Eigene Ideen:

11.3 Das Gespräch danach / Ideal und Absturz

Im *Idealfall* bespricht man nach der Session, wenn alle Partner wieder „Normallevel“ erreicht haben, die vorangegangene Szenerie. Dabei bekommen alle Beteiligten die Möglichkeit ihr persönliches Feedback zu geben. Hat es gefallen? War das Spiel genau wie geplant? Wurden Grenzen überschritten? Was war gut, was verbesserungswürdig? Hat die Erregungskurve gestimmt oder gab es andere Auslöser als vorher angedacht?

Natürlich ist so ein Gespräch ein „Kann“, wenn niemand das Bedürfnis verspürt, darüber zu reden, ist das ebenfalls vollkommen in Ordnung.

Aber falls es in irgendeiner Form anders gelaufen ist, als geplant, sollte man unbedingt eine Rückschau initiieren.

Beginnen Sie – wie im „wahren“ Leben – damit, die positiven Dinge der Session aufzuzählen, denn ein Feedback sollte sich nie nur auf das beschränken, was noch nicht komplett perfekt war. Danach jedoch muss man in den sauren Apfel beißen und unangenehme Aspekte erwähnen (sofern vorhanden), denn sonst macht der Partner womöglich immer wieder denselben störenden Fehler, weil er glaubt, Sie finden das ganz toll :-)

In so einem Gespräch können sich die Partner gegenseitig „auffangen“, denn nicht nur Sub erfährt so, dass „es“ noch ein menschliches Wesen und gleichberechtigt ist, auch Dom kann das Bedürfnis nach einer Aussprache haben, da er schließlich verschiedene gesellschaftliche und eventuell auch moralische Tabus brechen musste, um Sub glücklich zu machen.

Absturz, oder auch „Backlash“ oder „Nachträgliches Erschrecken“ genannt.

Es gibt verschiedene Arten von Abstürzen, aber sie haben eines gemeinsam, denn sie gehen oft mit einem erheblichen Vertrauensverlust einher (in den Partner und/oder in sich selbst):

Vielleicht merkt man ein wenig zu spät, dass eine Grenze überschritten wurde und bricht das Spiel ab. (Das kann Sub passieren, aber auch Dom.) Dann folgen Selbstvorwürfe. Dem kann relativ schnell durch ein Gespräch abgeholfen werden, ein Spielabbruch ist kein Beinbruch, sondern meistens gesunder Menschenverstand.

Schlimmer ist es, wenn man diesen Moment nicht bemerkt und erst weit nach dem Höhepunkt zur „Besinnung" kommt, um sich zu wünschen, abgebrochen zu haben. In solch einer Situation stellt man erst hinterher mit Erschrecken fest, was man alles getan, zugelassen oder genossen hat – und das diese Dinge gegen alles stehen, was man bisher von sich als erotischer, moralischer und starker Person geglaubt hat. („Das habe ich alles gemocht? Das kann nicht sein!")
Im Grunde handelt es sich dabei um einen Schutzmechanismus der Psyche, die das Erlernte mit dem Erlebten vergleicht und wenn der Unterschied zu groß ist oder nicht in kleinen Schritten angeglichen wird, kann es zu solch einer emotionalen Abwärtsspirale kommen.

Wenn dieses nachträgliche Erschrecken nicht vom Partner erkannt und abfedert wird, kann der Schutzmechanismus dazu führen, dass man sich durch „Selbstekel" wie zerfressen fühlt, oder gar seine negativen Emotionen auf den Partner projiziert und für ihn plötzlich „nur noch Verachtung" empfindet.

Eine dritte, ebenfalls nicht zu unterschätzende Variante ist ein Flashback. Man fühlt sich plötzlich an ein ganz anderes, vielleicht als furchtbar erlebtes Szenario erinnert und auf einmal sind all die schrecklichen Gefühle von damals wieder da. Dinge, die so einen Flashback auslösen können, nennt man Trigger. Das können auch ganz harmlose Dinge sein (und auch ein Flashback kann positiv sein, aber meist sind sie es nicht).

Wichtig: Kein Partner darf sich schuldig fühlen oder gar dem anderen Fehler vorwerfen. Nehmen Sie den anderen in den Arm, kuscheln und sprechen Sie mit ihm oder zeigen Sie ihm, dass Sie sich kümmern wollen – geben Sie dem Abgestürzten aber die Zeit, sich zu fangen, bevor sie ein Gespräch beginnen. Wenn ein Absturz häufig auf bestimmte Spielarten folgt, sollten Sie diese aus Ihrem Repertoire nehmen oder therapeutische Hilfe in Anspruch nehmen.

Fachliteratur

Judy Dutton: „Noch mehr Sex vom Feinsten“, 2008

Jaiya und Jon Hanauer: „Fass mich an! Erotische Massagen von Kopf bis Fuß für sie und ihn“, 2008

Arne Hoffmann: „Fessle mich!“, 2012

Barbara Keesling: „Bad Girl Sex!“, 2001

Lou Paget: „Die perfekte Liebhaberin“, 1999

Lou Paget: „Der perfekte Liebhaber“, 2000

Lou Paget: „Die perfekte Leidenschaft“, 2003

Lou Paget: „Der Superorgasmus“, 2001

Kathrin Passig, Ira Strübel: „Die Wahl der Qual – Handbuch für Sadomasochisten und solche, die es werden wollen“, 2000

Matthias T.J. Grimme: „Das Bondage-Handbuch“, 2005

Matthias T.J. Grimme: „Das SM-Handbuch“, 2010

Claudia Varrin: Die Kunst der weiblichen Unterwerfung, 2011

Sabine und Wolf Deunan: Ein bisschen härter ist viel besser, 2008

Lilly Grünberg: „Die Lust mit der Unterwerfung“, 2018

Lilly Grünberg, Jennifer Schreiner: „Verführerische Strafen“, 2019

Katinka Uhlenbrock, Lilly An Parker: „Das kleine Buch der versexten Orte“, 2019

Lilly An Parker: „Rollenspiele“, 2025

Lara Flamme, Klaus Schöffler: „Sextrem selbstsicher“, 2025

Joy Wixxx: „Sexperimente“, 2025

Ferner möchten wir Sie auf „Die Schlagzeilen“ hinweisen.
Hier gibt es nicht nur ein großes Angebot an SM-Büchern, Nachrichten aus der Szene, Infos zu Terminen und Veranstaltungen, sondern eben auch die gleichnamige Zeitschrift.

Unterhaltungsliteratur

Lilly Grünberg: Alles, besonders „Dein“ ist hier hervorzuheben

Jennifer Schreiner: Die Reihen „Catch&Kiss“ und die „Office-Escort“-Novellen. Besonders „(K)ein Rockstar zum Küssen“ und „(K)ein Drummer zum Küssen“.

Sira Rabe: „Ich will es hart“

Lilly An Parker: „Office Escort: Das Sekretärinnenspiel“ und jedes Buch der Novellenreihe aus dem Office-Escort oder der „Catch&Kiss“-Serie.

Katinka Uhlenbrock: „Porn Noir“ und jedes Buch der Novellenreihe aus dem Office-Escort oder der „Catch&Kiss“-Serie.

Jona Mondlicht: „Unverglüht“, „Aufgewühlt“ (poetische SM; nie wurde Deprivation schöner beschrieben)

Sophia Rudolph: „Blinde Leidenschaften“, „Eiskalte Leidenschaften“

Antje Ippensen: „Fesselndes Geheimnis“, „Labyrinth der Lust“, „NachSchlag“, „BitterSüß“

Inka Loreen Minden: Die meisten ihrer Geschichten haben einen SM-Hintergrund

Nina Hunter: „In Ketten“, „Vom Feind verführt“

Sandra Henke: „Mit starker Hand“, „Meister der Lust“, „Geheimnis meines Meisters“

Jeanine Krock: Obwohl meist mit fantastischem Hintergrund haben fast alle Bücher, bzw. die erotischen Szenen einen SM-Hintergrund

Tanya Carpenter: „Seduction-Verführung“

Klassiker, die auch verfilmt wurden:

Dominique Aury: Die Geschichte der O, 1954 (verfilmt 1975)

Leopold von Sacher-Masoch: Venus im Pelz, Novelle von 1870 (erstmalig verfilmt 1969)

Elizabeth McNeill: 9 Wochen und 3 Tage (verfilmt unter dem Titel 9½ Wochen, 1986, mit Mickey Rourke, Kim Basinger

Weitere BDSM-Filme

Secretary (2002)
mit Maggie Gyllenhaal, James Spader

A Dangerous Method (2011)

mit Michael Fassbender, Viggo Mortensen, Keira Knightley

Meine verfickte Inzestfamilie

Joy Wixxx

978-3-96000-133-1

9,90 Euro

Alex lässt sich von seiner Familie in die Welt der Erotik einführen und schon bald kann niemand mehr seinen Verführungskünsten widerstehen: Weder die Cousine noch die eigene Schwester.

Und seine Geilheit kennt wahrlich keine Grenzen, keine noch so verbotene Möse ist vor ihm sicher, kein heiliges Band ein Tabu. Alles und jeder muss mindestens einmal ausprobiert werden – denn man ist ja nur einmal im Leben ein vögelfreier Jungspund auf einer „Fickmission".*

*Ps. Für dieses Buch wurde weder Inzest ausgeübt, noch kamen irgendwelche Familienmitglieder zu Schaden.

Verfickt und durchgevögelt
Dr. Müller WoSex

978-3-96000-135-5
9,90 Euro

Die frühreife Melina ist neugierig und lechzt nach ihrer Entjungferung. Allerdings hat sie sich für diesen sinnlichen Akt nicht ihren ungeduldigen Freund ausgesucht, sondern möchte einen erfahrenen Kerl, der weiß, wie Frauen ticken.* Aus diesem Grund versucht sie alles, um ihren saugeilen und sehr potenten Arbeitgeber zu verführen **

*In diesem moralisch höchst fragwürdigen Buch verführt eine minderjährige Putzfrau einen verheirateten Mann, der nur zu willig ist.
** Ps. Für dieses Buch wurden weder Putzfrauen verführt, noch brave, zu Hause arbeitende Männer. Niemand war unter 18 Jahre alt oder Jungfrau.

Echte Hasen mögen wild

Joy Wixxx

978-3-96000-274-1

12,90 Euro

Heiße Kurzgeschichten rund um frivole Fantasien und heißen Begierden.

Es wird heiß! Die erotischen und abwechslungsreichen Kurzgeschichten entführen den Leser in die Welt der frivolen Fantasien, zu heißen Begierden und lustvollen Begegnungen. Lassen Sie sich mitnehmen, wenn "Agenten heimlich lieben", eine Konditorin erleben muss, wie ihr exklusives Cafe zu einer "Vernaschbar" wird oder es einen "Heiratsantrag zuviel gibt". Verführerisch wird es auch mit einem wirklich unerwarteten Geburtstagsgeschenk und verboten sinnliche Träume wollen in "Traumspringer" ausgelebt werden – in der Fantasie und im wahren Leben.

Davil Owned

Jennifer Schreiner

978-3-96000-335-9

9,90 Euro

Trau dich zu fliehen!

Als Anna erwacht, hat sie keine Ahnung, wieso sie sich in einem Hochsicherheitsgefängnis befindet und warum der ebenso eiskalte wie attraktive Gefängnisdirektor Hunter ausgerechnet an ihr ein Exempel statuieren will.

Gewillt, den Willen seiner neuen, aufsässigen Gefangenen zu brechen, greift Hunter tief in seine Trickkiste und verstrickt Anna und sich in ein intensives Spiel um Dominanz und Macht. Als ihm schließlich Zweifel an der Schuld seiner Gefangenen kommen, ist es zu spät. Längst hat er die Kontrolle über das Spiel verloren und Anna scheint nicht mehr gewillt zu sein, Informationen preiszugeben.

Sextrem selbstsicher

Lara Flamme & Klaus SchöfflerYvi Lips

978-3-96000-350-2

15,00 Euro

Ein multimediales Übungsbuch für Frauen und Personen mit Vulva & Vagina*

Mangelnde sexuelle Selbstsicherheit und Schwierigkeiten, sich erotisch-attraktiv zu fühlen, sind oft unausgesprochene Themen. Wie du dich "sextrem selbstsicher" fuhlst und Unsicherheiten loslässt, erklärt Sexologin Lara Flamme. Ihr Buch ermutigt Frauen, stolz auf sich und ihren Körper zu sein und Freude und Lust in der Sexualität weiterzuentwickeln. Mit den im Buch multimedial vorgestellten Übungen und Anleitungen mit Video- und Audiobegleitung kann die Leserin (wieder) eine gute Beziehung zu ihrem Körper und damit Sicherheit und Vertrauen in sich selbst aufbauen.

Sexperimente

Joy Wixxx

978-3-96000-301-4
13,00 Euro

Aufgaben und Anregungen für die schönste Sache der Welt

Sind wir nicht alle ein kleines bisschen Sexgöttin?
Ein Jahr in Aufgaben und Anregungen für die schönste Sache der Welt – Joy Wixxx beweist sich und der Welt, dass jede Frau zur Sexgöttin werden kann. Mit Humor und Bravour meistert sie Aufgaben, befriedigt (nicht nur) ihre Neugierde und lässt sich auf Experimente ein, von denen sie vorher gar nicht wusste, dass es sie gibt.

Welcome to the pleasure in 52 Kapiteln!

Castel del Amore

Thomas P. Martin

978-3-96000-303-8

13,00 Euro

Humorvolle & bissige Gesellschaftskritik

Das Arschgeweih als Relikt der 90er Jahre verblasst auf dem Steiß einer aufgedunsenen weißen Frau, während ihre bessere Hälfte auf dem Balkon dem Alkoholismus frönt. Er und sie lieben sich. Und so wie jeden Dienstag, werden sie auch heute ihre Sexualität in unästhetischen & rumpeligen Bewegungen vollziehen. Nach all den Jahren funktioniert das erschreckend gut und beide genießen das Zusammenspiel der verfallenen Körper. Trotz aller menschlicher Makel ist dieses Paar durch ein festes Band miteinander verbunden. Oder doch nicht?

Eine turbulente Reise durch Sexualität, Zeitgeist, Schmerz und Liebe.

Die Lust mit der Unterwerfung
978-3-96000-085-3
12,90 Euro

Grünberg ermutigt ihre Leserinnen und Leser, die geheimen erotischen Wünsche innerhalb der Partnerschaft kennenzulernen und auszuleben, sich langsam an das Gefühl der Macht als Dom heranzutasten, oder als Sub die kribbelnde Lust der Unterwerfung zu erleben.

Mit großem Einfühlungsvermögen klärt die Autorin über Verhaltensweisen und Empfindungen auf, erläutert die Grundlagen, gibt praktische Tipps für die Umsetzung, macht Vorschläge für erotische Spiele und stellt gängige SM-Praktiken und Begriffe vor. Dabei lässt sie nie außer Acht, dass Romantik, Liebe und Vertrauen im Mittelpunkt stehen sollten und behält stets das gegenseitige Einverständnis und die Sicherheit im Blick.

Das kleine Buch der versexten Orte
978-3-96000-108-9
12,90 Euro

Eine verführerische Einführung in das Reich der sinnlichen Orte und der erotischen Szenerien für leidenschaftliche Situationsspiele.

Ist Sex am Strand romantisch oder ein Desaster? Wie steht es mit einem prickelnden Picknick? Oder ist das Bett im Kornfeld die bessere Wahl?

Folgen Sie uns in die aufregende Welt des Ortswechsels und bringen Sie Pepp in Ihr Liebesleben.

Vermeiden Sie gängige Fehler und seien Sie vorbereitet!

Verführerische Strafen
978-3-96000-110-2
12,90 Euro

»Guter Sex tut immer auch ein bisschen weh.« Lilly An Parker

Ein Ratgeber für Sadomasochisten oder solche, die es werden wollen ...

Von kleinen, simplen Spielen für Zwischendurch über ästhetisch aufregende Aufgaben bis hin zur »echten« Strafe, ist hier für Einsteiger und Fortgeschrittene alles dabei, was das Herz begehrt. Das Kopfkino wird ebenso bedient, wie Outdoor-Aufgaben, Mehrspieler-Szenarien oder kreative Spiele.

Durch die große Palette an Aufgaben für jeden Geschmack und jeden Ort bleibt garantiert kein Bett kalt.

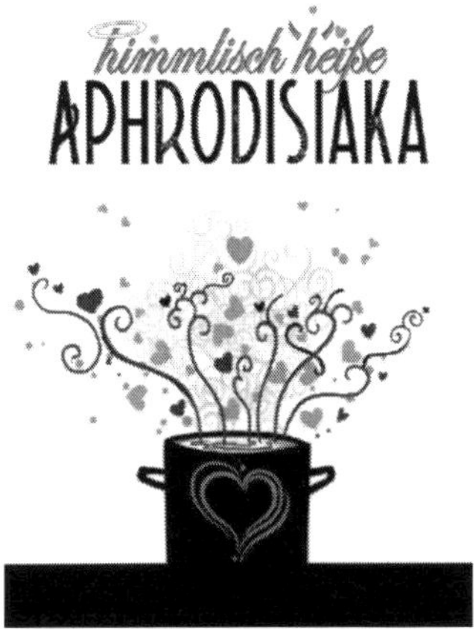

himmlisch heiße Aphrodisiaka
978-3-96000-104-1
12,90 Euro

Liebe geht bekanntlich durch den Magen, macht Müde munter, man will den anderen vernaschen oder hat ihn gar zum Fressen gerne. Für jemanden schön zu kochen gilt nicht nur unter frisch Verliebten als kulinarischer Liebesbeweis.

Auch bei langjährigen Liebschaften oder Ehepartnern gilt zelebriertes Essen als entzückende Idee – und hat schon so manch eingeschlafene Lust wiederentflammt.

Mehr himmlisch heißen Lesespaß findet ihr auf unserer Webseite

www.Elysion-Books.com

oder auf unseren Social Media Kanälen.

Wenn ihr immer informiert bleiben wollt, abonniert gerne unseren Newsletter /Whatsappgruppe an.

Wir freuen uns auf euch!